催收達人の私房書 IV

金融業常用
非訟文書114例

呂元璋◎著

謹將此書獻給中央租賃股份有限公司長官簡俊宏、黃茂盛、李建輝及先進劉錦燕，感謝他們對筆者的容忍與經驗傳承，另外也要感謝夥伴唐瑞敏的支持。

序 言

　　早先筆者在中央租賃擔任法務工作的時候，租賃業算是金融的周邊行業，雖然早些年前，許多銀行業的人才都是經由租賃業歷練出來的，但由於高昂的資金成本導致較好交易條件的客戶不會選擇與租賃業往來，租賃業界的許多交易條件都較銀行體系來得相對寬鬆，因此租賃業的法務時常為了維持交易安全與業績考量絞盡腦汁。

　　最近由於好友鍾阿伯協樵及永豐租賃李開國副理的提醒，筆者才驚覺原先租賃公司必須幫客戶量身訂製的一些非訟文書（例如延遲對保或者是原合約展延時），這點是行庫不能也不會幫客戶通融的，具有相當高的參考價值。

　　其次是銀行等金融機構有辦法徵提優良的擔保品，所以經驗有時就囿於處分擔保品，或者是只要處分擔保品就可以滿足債權，變通的處分方式（例如打折清償、承受不動產等）也不會獲得長官支持。同時也因為沒有辦法要到好的擔保品（通常都是銀行撿「剩」的），我們在催收追索時就必須從別人想不到或者不願意做的角度，進行一次又一次的嘗試和突破。

　　第三就是由於不像銀行業那樣財大氣粗，因此在成本方面就必須多所考量，例如：存證信函只要寫一頁就好；能用書函或存證信函達到效果的話，就未必要用訴訟的方式解決（比如用存證信函「恐嚇」

繼承人，參見二-10 催告繼承人存函），如果不知道有無拋棄或限定繼承，也可以向法院函查。

本書能夠完成，要特別感謝中央租賃諸位長官及同仁：陳故總經理英傑、董介村、黃極榮、林肇嘉、沈淑芬、黃美惠、蔡宏昌、陳恆馨、吳瓊瑤、吳金珠、金耀宙、陳家郎、陳泰合、柯泰安、鍾玉俐、李多尼、蔡欣穎、陳雅蓉等（族繁不及備載，如有遺漏，一定是故意的）對筆者的指點及提攜。

另要提及夏忠韋、李勝欽、Joe Lin（第一次見面時，還以為是Jolin，讓我很興奮），如果不是這三位「住聲」（住在家裡、頗有名聲的簡稱），本書早就完成了。

要特別感謝吳律師永發及黃律師廷維二位學長所帶領的永發聯合律師事務所全體同仁在百忙中撥冗幫忙校對稿件，謹致謝忱。

讀者如認本書的案例足供參考或是有心得想分享的，筆者的電子信箱是：alouamc@yahoo.com.tw，歡迎不吝賜教。

目次

📂 一、發函

1. 沒收履保函..19

2. 行使質權函..21

3. 撤回質權函..23

4. 查明扣押函..24

5. 收取扣押薪資函..26

6. 通知行使贖回權函..28

7. 函查建號..29

　　7-1 查建號回函..31

8. 感謝函..32

9. 觀光局函..34

二、*存證信函*

📁 三、切結書與承諾書

📁 四、保險相關文書

📁 五、保證人相關文書

六、擔保品相關文書

七、債權讓與代償相關文書

📁 八、*啟租相關文書*

📁 九、*租售配合相關文書*

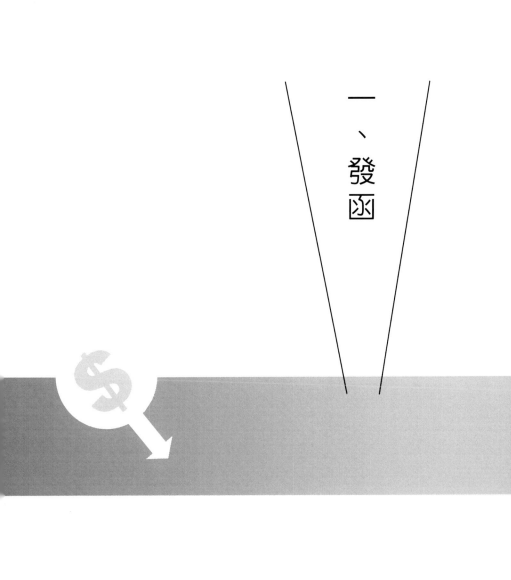

一、發函

1. 沒收履保函

檔　　號：

保存年限：

○○股份有限公司　書函

聯絡地址：231 臺北縣○○市○○路○號○樓

承辦人及電話：○○○（02）8919-××××

受 文 者：○○國際商業銀行○○分行

發文日期：中華民國　　　年　　　月　　　日

發文字號：　　　　　字第　　　　　號

速　　別：

密等及解密條件：

附　　件：

主　　旨：通知　貴分行請依履約保證金連帶保證書給付保證
　　　　　金乙事，請　惠予辦理並見復。

說　　明：

　　　　　一、貴分行 96.08.11 開立履約保證金連帶保證書，擔保
　　　　　　　○○營造有限公司承攬本公司之○○新建工程契約
　　　　　　　之履行，查○○公司未經本公司同意逕於 96.11.05

退場業已違反契約規定，而認係該當不發還履約保
證金之情事。

二、現依前開保證書第二條規定以書面通知　貴分行，
請將履約保證金 NT＄5,900,000 逕自匯入本公司上
海銀行○○分行帳戶 291010000026×。

正本：○○國際商業銀行○○分行
副本：

～公司條戳～

2.行使質權函

檔　　號：

保存年限：

○○股份有限公司　函

聯絡地址：231 臺北縣○○市○○路○號○樓

承辦人及電話：○○○（02）8919-5239

受 文 者：○○銀行○○分行

發文日期：中華民國 96 年 11 月 27 日

發文字號：○管字第 0960××××號

速　　別：

密等及解密條件：

附　　件：

主　　旨：茲因更換本公司印鑑式樣及實行質權，請　查照。

說　　明：

　　一、前　貴行客戶○○○提供定存單（號碼：DG107403×）
　　　　質押予本公司作為擔保，經　貴行以 92.02.18○字第
　　　　18 號函答覆辦妥質權設定。

　　二、現因該戶已發生違約情事，本公司將對前開存單實
　　　　行質權，但因本公司業已更換負責人，恐與原留存

印鑑不符，特檢附本公司變更事項登記卡乙份（正本驗畢後請擲還），惠請辦理更換印鑑式樣手續。

三、現特委任本公司職員○○○先生（身分證字號：A121345××××）辦理實行質權手續。

四、請將實行質權後款項逕自匯入本公司於○○銀行○○分行 5203031859××××號帳戶。

正本：○○銀行○○分行

副本：

～公司條戳～

3. 撤回質權函

○○股份有限公司　書函

聯絡地址：231 臺北縣○○市○○路○號○樓
承辦人及電話：○○○（02）8919-5×××

受　文　者：○○銀行○○分行
發文日期：中華民國 97 年○月○日
發文字號：　　　　字第　　　　號
速　　　別：
密等及解密條件：
附　　　件：
主　　　旨：茲因撤回實行質權事，請查照。
說　　　明：
　　　　一、本公司前於9×.××.××以○管字第0970××××
　　　　　　號書函通知將對　貴行客戶○○企業有限公司提供
　　　　　　之定存單實行質權乙事。
　　　　二、現因本公司業與○○企業有限公司達成協議，特以
　　　　　　此函通知貴行撤回前開實行質權之請求，請查照。

正本：○○銀行○○分行
副本：

～公司條戳～

4. 查明扣押函

檔　　號：

保存年限：

　　　　　　○○股份有限公司　書函

聯絡地址：231 臺北縣○○市○○路 50 號 9 樓

承辦人及電話：○○○（02）8919-5239

受 文 者：○○工業股份有限公司

發文日期：中華民國　　年　　月　　日

發文字號：　　　　字第　　　　號

速　　別：

密等及解密條件：

附　　件：如文

主　　旨：請說明臺中地院 95 年執全助 14×號假扣押案辦理
　　　　　情形，懇請　惠辦並見復。

說　　明：

一、本公司為○○科技股份有限公司之債權人，且業經
　　士林地方法院核發債權憑證在案，合先敘明。

二、但前經臺中地方法院來函（附件）：略謂　貴公司
　　並未回覆有無扣押。

三、現為查清有無續行追索必要，特函請　貴公司惠予
　　說明。如　貴公司未理會法院查扣命令而續動撥款
　　項，恐有該當刑法第一百三十九條違背查封效力罪
　　疑慮，敬請諒查。

正本：〇〇工業股份有限公司
副本：

〜公司條戳〜

5. 收取扣押薪資函

○○股份有限公司　書函

聯絡地址：231 臺北縣○○市○○路○號○樓
承辦人及電話：○○○（02）8919-××××#××××

受　文　者：○○科技股份有限公司
發文日期：中華民國 97 年○月○日
發文字號：　　　　　字第　　　　　號
速　　　別：
密等及解密條件：
附　　　件：如文
主　　　旨：為依法收取○○○薪資款項債權乙事，請　惠予配合。
說　　　明：

一、本公司前經桃園地院核發 97 年司執字第×××××
　　號移轉命令，針對債務人○○○（身分證字號：
　　T12345678×）對　貴公司之各項勞務報酬於三分之
　　一範圍內，准許本公司逕向　貴公司為收取。

二、現檢附本公司上海商銀新店分行存摺影本乙份，請　貴
　　公司　惠予依法將前開款項逕自匯入該帳戶，需配
　　合事項請洽經辦○專員（02）8919-××××*××
　　××，請查照。

正本：○○科技股份有限公司
副本：

～公司條戳～

6. 通知行使贖回權函

○○股份有限公司　函

受 文 者：○○股份有限公司

發文日期：中華民國 91 年 6 月 20 日

發文字號：（91）中法字第 0620 號

附　　件：

機關地址：臺北市○○路○號○樓

電　　話：（02）2711-××××

傳　　真：（02）2781-7861

承辦部門：法務專員　分機 305

主　　旨：通知　貴公司盡速依法行使回贖權，請查照。

說　　明：

一、依動產擔保交易法規定辦理。

二、貴公司前於 89.07 與本公司簽立附條件買賣契約，並
　　經經濟部工業局以工（中）附第×××××號登記
　　在案，現因　貴公司無力繳納分期價金，本公司現
　　已依法行使取回權，特函通知　貴公司依法行使回
　　贖權，否本公司即將前開標的物出售，如有不足將
　　繼續向　貴公司追償。

董事長○○○

7. 函查建號

檔　　號：

保存年限：

○○股份有限公司　書函

聯絡地址：231 臺北縣○○市○○路○號○樓

承辦人及電話：○○○（02）8919-××××

受 文 者：○○市政府地政處○○事務所

發文日期：中華民國　　年　　月　　日

發文字號：　　　　字第　　　　號

速　　別：

密等及解密條件：

附　　件：如文

主　　旨：本公司因業務需要，謹向　貴所查詢轄區內所有權人
　　　　　○○○（身分證字號：A12345678×）房屋座落於○○
　　　　　市○○區○○巷1之1號之建號，惠予辦理並見復。

說　　明：

　　　　　謹檢附利害關係證明文件：

　　　　　一、高雄地院○○年促字第×××××支付命令及確定
　　　　　　　證明書影本各乙份。

　　二、財政部〇〇市國稅局歸戶財產查詢清單影本乙份。

正本：〇〇市政府地政處〇〇事務所
副本：

～公司條戳～

7-1 查建號回函

檔　　號：
保存年限：

○○市政府地政局○○地政事務所　函

聯絡地址：231 臺北縣○○市○○路○號○樓
承辦人及電話：○○○（02）8919-××××

受 文 者：○○銀行○○分行
發文日期：中華民國　　年　　月　　日
發文字號：　　　字第　　　號
速　　別：
密等及解密條件：
附　　件：
主　　旨：經查○○區○○巷 1 之 1 號房屋並未在本所辦理建
　　　　　物所有權第一次登記，故無建物編號，復請　查照。
說　　明：
　　　　　復　貴行○○○年○○月○○日○○字第○○○號函。

正本：○○銀行○○分行
副本：本所第一課（存查）

主任○○○

31

8. 感謝函

檔　　號：

保存年限：

　　　　　　○○股份有限公司　書函

聯絡地址：231 臺北縣○○市○○路○號○樓

承辦人及電話：○○○（02）8919-××××

受 文 者：○○塑膠股份有限公司

發文日期：中華民國　　年　　月　　日

發文字號：　　　　字第　　　　號

速　　別：

密等及解密條件：

附　　件：

主　　旨：為　貴公司配合本公司對○○公司強制執行事件，
　　　　　敬致謝忱。

說　　明：

　　　　　一、本公司與債務人○○公司強制執行事件業經臺灣○
　　　　　　○地方法院 88 年執字第××××號受理在案，並經
　　　　　　臺灣臺南地方法院通知於 89 年 9 月 4 日執行。

二、敦知○○公司廠房已業經　貴公司拍定，承　貴公
　　司惠予配合本公司方得順利取出貳部射出機，特以
　　此函敬表本公司謝忱。

正本：○○塑膠股份有限公司
副本：

～公司條戳～

9. 觀光局函

檔　　號：

保存年限：

〇〇股份有限公司　書函

聯絡地址：231 臺北縣〇〇市〇〇路〇號〇樓

承辦人及電話：〇〇〇（02）8919-××××

受　文　者：交通部觀光局

發文日期：中華民國　　年　　月　　日

發文字號：　　　字第　　　號

速　　別：

密等及解密條件：

附　　件：

主　　旨：為申請協助本公司處理 84 年元宵燈會主燈，俾便保
　　　　　存深具歷史及觀光意義文物事。

說　　明：

　　　　　一、本公司前以附條件買賣方式將 84 年元宵燈會主燈
　　　　　　　（金嘟嘟）出售予〇〇實業股份有限公司，現該燈
　　　　　　　會主燈置放於彰化縣花壇鄉〇〇路××號（即〇〇
　　　　　　　〇〇〇內），前開契約並經經濟部工業局以 89.09.06

工（中）附字××××號登記在案，於分期價金繳
納完畢前本公司依法仍為該燈會主燈之所有人。

二、現因○○實業股份有限公司業無法繳納分期價金已
該當違約條款，本公司意欲行使取回權將前開主燈
取回後自行出售，但因該標的係八十四年元宵燈會
主燈深具歷史及觀光意義，倘處理不當恐對無法彌
補傷害。

三、現特函請 貴局協助本公司對此珍貴文物代為函詢
各大風景名勝管理區或遊樂場其承買意願，若有意
購買者請逕洽經辦 02-2711-××××*AAA×先生。

正本：交通部觀光局
副本：

～公司條戳～

10. 請依判決給付函

○○股份有限公司　書函

聯絡地址：231 臺北縣新店市○○路○號○樓

承辦人及電話：○○○（02）8919-××××#××××

受　文　者：○○有限公司

發文日期：中華民國 98 年○月○日

發文字號：　　　　　字第　　　　　號

速　　　別：

密等及解密條件：

附　　　件：

主　　　旨：請　貴公司依判決給付款項乙事，惠請辦理並見復。

說　　　明：

一、依臺灣板橋地方法院 95 年建字第○○號判決辦理。

二、前開判決命　貴公司應給付本公司新臺幣壹拾玖萬貳仟
　　參佰參拾捌元及利息，否本公司得依法聲請強制執行。

三、現以此函催告　貴公司限於函到五日內將前開款項匯
　　入本公司上海商業儲蓄銀行○○分行帳戶，帳號
　　2910100000××××，否本公司即依法聲請強制執行。

正本：○○有限公司

～公司條戳～

11. 查拋棄函

○○股份有限公司 函

受 文 者：屏東地方法院家事法庭

電 話：04-××××-×××× 經辦 黃專員

發文日期：中華民國 96 年 3 月 22 日

主 旨：為查明本公司債務人○○○（T101925×××）之繼承人有無向 鈞院聲請拋棄或限定繼承乙事，請惠予查明並見復。

說 明：

一、○○商業銀行對○○○（T101925×××）所有之債權，業已依法移轉予本公司〈詳附件〉。

二、據悉債務人○○○業已過世，但繼承人有無拋棄或限定繼承不明。

三、特檢附前開文件向 鈞院聲請查明有無拋棄或限定繼承情事；如 鈞院查無資料時，請核發查○○○除戶全戶之戶籍函件，俾便向戶政機關申請抄錄。

董事長○○○

11-1查拋覆函

臺灣○○地方法院家事法庭　函

地　　址：231 臺北縣○○市○○路○號○樓

傳　　真：（02）8919-××××

承 辦 人：○○○

聯絡方式：（02）8919-××××轉×××

受 文 者：○○股份有限公司

發文日期：中華民國　　年　　月　　日

發文字號：　　　　字第　　　　號

速　　別：

密等及解密條件：

附　　件：

主　　旨：本院少年及家事記錄科現有電腦資料，查無被繼承人○
　　　　　○○之繼承人聲請拋棄或限定繼承之事件，請　查照。

說　　明：覆　貴公司○○年○月○日書函。

正本：○○股份有限公司

副本：

〜臺灣○○地方法院家事法庭條戳〜

11-2查拋覆函

臺灣○○地方法院家事法庭　函

地　　　址：231 臺北縣○○市○○路○號○樓
傳　　　真：（02）8919-××××
承 辦 人：○○○
聯絡方式：（02）8919-××××轉×××

受 文 者：○○股份有限公司
發文日期：中華民國　　　年　　　月　　　日
發文字號：　　　　　字第　　　　　號
速　　　別：
密等及解密條件：
附　　　件：
主　　　旨：本院家事記錄科現有電腦資料，被繼承人○○○之
　　　　　　繼承人○○○已聲請限定繼承事件，並經本院准予
　　　　　　備查在案（○○年繼字第○○號），請　查照。
說　　　明：覆　貴公司○○年○月○日聲請狀。

正本：○○股份有限公司
副本：

～臺灣○○地方法院家事法庭條戳～

11-3 查拋覆函

臺灣○○地方法院家事法庭　函

地　　址：231 臺北縣○○市○○路○號○樓
傳　　真：（02）8919-××××
承 辦 人：○○○
聯絡方式：（02）8919-××××轉×××

受 文 者：○○股份有限公司
發文日期：中華民國　　年　　月　　日
發文字號：　　　　字第　　　　號
速　　別：
密等及解密條件：
附　　件：
主　　旨：本院已於○○年繼字第○○號准予聲請人即繼承人
　　　　　○○○、○○○、○○○拋棄繼承，請　查照。
說　　明：覆　貴公司○○年○月○日來函查詢被繼承人○○
　　　　　○是否有其繼承人向本庭聲請拋棄繼承或限定繼承
　　　　　之事件。

正本：○○股份有限公司
副本：

～臺灣○○地方法院家事法庭條戳～

12.展延催告函

檔　　號：保存年限：

○○股份有限公司　書函

聯絡地址：231 臺北縣○○市○○路○號○樓
承辦人及電話：○○○（02）8919-5×××

受 文 者：○○工程有限公司
發文日期：中華民國 97 年　　　月　　　日
發文字號：○○字第　　　　　號
速　　別：最速件
密等及解密條件：普通
附　　件：
主　　旨：敦請　貴公司盡速完成展延擔保品手續否即依約辦
　　　　　理，請　查照。
說　　明：
　　一、為　貴公司承攬本公司「○○排水設備工程」，出
　　　　具由○○銀行新店分行開立之履約保證金連帶保證
　　　　書，保證書號○○字第×××號，保證金額新臺幣
　　　　○○元，到期日 97.××.××止。

二、請　貴公司盡速商請銀行展延到期日至 97.××.×
　　×，並於 97. ××.××前送交本公司，否為維貴我
　　權益，本公司將於到期日前依約行使權利，請　查照。

正　　本：○○工程有限公司
副　　本：○○銀行新店分行

～公司條戳～

13. 告知應收帳款函

○○股份有限公司　書函

聯絡地址：231 臺北縣○○市○○路○號○樓
承辦人及電話：○○○（02）8919-5×××

受 文 者：○○公司
發文日期：中華民國 97 年○月○日
發文字號：　　　　　字第　　　　　號
速 　 別：
密等及解密條件：
附 　 件：
主 　 旨：請　貴公司惠予告知與○○股份有限公司間應付帳
　　　　　款確切數字事宜，請查照。
說 　 明：
　　　　　一、依 9×.4.6 臺灣○○地方法院法官口諭辦理。
　　　　　二、如　貴公司惠予告知與○○工廠股份有限公司間應
　　　　　　　付帳款確切數字，本公司擬放棄要求　貴公司負擔
　　　　　　　訴訟費用，懇請惠予配合見復。

正本：○○公司
副本：

～公司條戳～

14. 通知銀行繳清函

○○股份有限公司　書函

聯絡地址：231 臺北縣○○市○○路○號○樓

承辦人及電話：○○○（02）8919-5×××

受 文 者：

發文日期：中華民國 97 年○月○日

發文字號：　　　　　字第　　　　　號

速　　別：

密等及解密條件：

附　　件：如文

主　　旨：本公司已依法繳交○○地院97年度執字第××××
　　　　　×號案款乙事，請查照。

說　　明：

一、本公司與前員工○○○間給付資遣費案件，經臺北
　　地院於本年八月間作成97年度店簡字××號和解筆
　　錄，詎料該二員逕自聲請強制執行，造成各家往來
　　銀行作業困擾，本公司謹致上最誠摯歉意。

二、本公司業於 97.××.××將全部案款繳交○○地院
　　收執（如附件），請查照。○○地院會盡速發給解
　　除扣押命令，屆時尚祈遵造法院指示辦理。

正　　本：

　　　　　～公司條戳～

15.督促出面函

檔　　號：

保存年限：

○○股份有限公司　書函

聯絡地址：231 臺北縣○○市○○路○號○樓

承辦人及電話：○○○（02）8919-××××

受 文 者：○○公司

發文日期：中華民國　　年　　月　　日

發文字號：　　　　　字第　　　　號

速　　別：

密等及解密條件：

附　　件：

主　　旨：請　貴公司督促○○工程（股）公司出面解決本公
　　　　　司債務乙事，請　惠予辦理。

說　　明：

一、貴公司前協同○○工程（股）公司開立本票○紙，
　　面額共計新臺幣○○元，合先敘明。

二、○○工程（股）公司開立予本公司之工程款支票乙
　　紙（NT＄2,813,420）業遭退票，本公司現正依循法
　　律途徑進行追索。

三、貴公司既為○○工程（股）公司之友好同業，懇請
　　督促該公司盡速出面與本公司協商解決債務。

正本：○○公司
副本：

～公司條戳～

16. 聲請查明清算人函

檔　　號：

保存年限：

○○股份有限公司　書函

聯絡地址：231 臺北縣○○市○○路○號○樓

承辦人及電話：○○○（02）8919-5×××

受 文 者：○○地方法院民事庭

發文日期：中華民國 9×年××月××日

發文字號：○管字第 0960××××號

速　　別：

密等及解密條件：

附　　件：如文

主　　旨：為查詢本公司債務人○○有限公司（統一編號：
　　　　　8045××××）之清算人有無向　鈞院聲報就任，
　　　　　惠請　查明並見復。

說　　明：

　　　　一、○○有限公司於 9×.××.××開立面額四百六十萬
　　　　　　八千元整之本票（附件一）予本公司，合先敘明。

　　　　二、現查經濟部網站資料（附件二）該公司業於 9×.×
　　　　　　×.××解散在案。

三、依公司法第二十四條規定「解散之公司……應行清
　　算。」；同法第一百十三條准用第八十三條規定「清
　　算人應於就任後十五天內，將其姓名、住所或居所
　　及就任日期，向法院聲報」。
四、現為查明其清算人有無就任及日後合法送達問題，
　　特函詢　鈞院，惠請　查明並見復。

正本：○○地方法院民事庭
副本：

～公司章戳～

17. 查明遺產管理人函

檔　　號：保存年限：

○○股份有限公司　書函

聯絡地址：231 臺北縣○○市○○路○號○樓

承辦人及電話：○○○（02）8919-5×××

受 文 者：○○地方法院民事庭

發文日期：中華民國 9×年××月××日

發文字號：○管字第 0960××××號

速　　別：

密等及解密條件：

附　　件：如文

主　　旨：為查詢本公司債務人○○○（ID：A12345678×）之
　　　　　遺產管理人，惠請　查明並見復。

說　　明：

一、○○○於 9×.××.××開立面額四百六十萬八千元
　　整之票據（附件一）予本公司，合先敘明。

二、現查○○○於 9×.××.××業已過世，且其繼承人
　　均已向鈞院為拋棄繼承之表示。

　　三、現為查明其遺產管理人有無選任及選任進度，特函
　　　　詢　鈞院，　惠請　查明並見復。

正本：○○地方法院民事庭
副本：

　　　　　　　　～公司章戳～

18. 通知加計遲延罰款函

○○股份有限公司　書函

聯絡地址：231 臺北縣○○市○○路○號○樓

承辦人及電話：○○○8919-××××*××××

受　文　者：○○有限公司

發文日期：中華民國 97 年○月○日

發文字號：　　　　　字第　　　　　號

速　　　別：

密等及解密條件：

附　　　件：

主　　　旨：通知　貴公司自即日起按日計罰每日千分之五之遲
　　　　　　延罰款，請查照。

說　　　明：

一、貴公司前與本公司簽立「採購○○系統案」合約，
　　合約第八條內載明貴公司應於接獲本公司訂購單後
　　45 曆天日內完成交貨程序，合先敘明。

二、現因　貴公司遲延交貨程序業已該當前開條文，爰
　　依合約第十三條通知將自即日起按日計罰貴公司每
　　日千分之五之遲延罰款，請查照。

正本：○○有限公司

～公司條戳～

19. 請給付保固工程款函

檔　　號：

保存年限：

○○股份有限公司　書函

聯絡地址：231 臺北縣○○市○○路○號○樓

承辦人及電話：○○○8919-××××＊××××

受　文　者：○○市政府○○局○○處

發文日期：中華民國 97 年○月○日

發文字號：○管字第 0970××××號

速　　別：

密等及解密條件：

附　　件：如文

主　　旨：請依法將○○股份有限公司保固工程款向法院支付
事，請　惠予配合。

說　　明：

一、本公司前經臺北地院 97.04.18 核發 97 年執字第 14
×××號附條件扣押命令（附件），針對債務人○
○股份有限公司承攬　貴處養工處第七分隊及相關
科室遷建工程之保固款債權，請　貴處將保固結束
後將款項向臺北地院支付。

二、經電聯　貴處北區工務所○主任告知：前開工程已
　　於五月下旬保固結束，特函促請　貴處依法將保固
　　工程款向法院支付。

正本：○○市政府○○局○○處

　　　　　～公司條戳～

20. 催告給付判決款項函

○○股份有限公司　書函

聯絡地址：231 臺北縣○○市○○路○號○樓

承辦人及電話：○○○8919-××××*××××

受 文 者：○○有限公司

發文日期：中華民國 97 年○月○日

發文字號：　　　　字第　　　　號

速　　別：

密等及解密條件：

附　　件：

主　　旨：請　貴分館依判決給付款項乙事，惠請辦理並見復。

說　　明：

一、依臺灣板橋地方法院 95 年建字第○號判決辦理。

二、前開判決命　貴公司應給付本公司新臺幣○○萬元，否本公司得依法聲請假執行。

三、現以此函催告　貴公司限於函到五日內將前開款項匯入本公司上海商業儲蓄銀行新店分行帳戶，帳號 2910100000×××，否本公司即依法聲請假執行。

正　　本：○○有限公司

~公司條戳~

21. 通知領取訴訟費用函

○○股份有限公司　書函

聯絡地址：231 臺北縣○○市○○路○號○樓
承辦人及電話：○○○8919-××××*××××

受 文 者：
發文日期：中華民國 97 年○月○日
發文字號：　　　　字第　　　　號
速　　別：
密等及解密條件：
附　　件：
主　　旨：請於文到三日內攜帶完整身分證明文件至本公司領
　　　　　取訴訟費用，請查照。
說　　明：
　　　一、兼復 96.○.○通律字第 K×××號函。
　　　二、請於文到三日內攜帶完整身分證明文件（公司變更
　　　　　事項卡、登記印鑑等）至本公司領取訴訟費用，請
　　　　　查照。

正本：○○有限公司、孫○○、孫○○、孫○○
副本：○○法律事務所

～公司條戳～

22.函覆保留款移轉函

○○股份有限公司　書函

聯絡地址：231 臺北縣○○市○○路○號○樓
承辦人及電話：○○○8919-××××*××××

受 文 者：○○商業銀行○○分行
發文日期：中華民國 97 年○月○日
發文字號：　　　　　字第　　　　　號
速　　別：
密等及解密條件：
附　　件：
主　　旨：貴公司函請將○○有限公司保留款無條件轉移乙
　　　　　事，本公司礙難同意，請諒查。
說　　明：
　　　一、兼復 96.○.○彰○○字第××××號函。
　　　二、○○有限公司已發生拒往情事，業該當本工程合約
　　　　　第十七條終止合約情事；且據工地回報該公司已拒
　　　　　絕進場修繕缺失，依合約規定所衍生一切損害賠償
　　　　　均由該公司負責。
　　　三、即令○○有限公司尚有保留款未曾領取，本公司現
　　　　　對前開保留款主張抵銷；如有不足部分本公司將再

向該公司逕行追索，至　貴公司所請礙難同意，請
諒查。

正本：○○商業銀行○○分行
副本：○○有限公司

～公司條戳～

23.函覆資產公司扣薪函

檔　　號：

保存年限：

○○股份有限公司　書函

聯絡地址：231 臺北縣○○市○○路○號○樓

承辦人及電話：○○○8919-××××＊××××

受 文 者：○○資融股份有限公司

發文日期：中華民國　　年　　月　　日

發文字號：　　　　字第　　　　號

速　　別：

密等及解密條件：

附　　件：

主　　旨：關於○○○薪資債權乙案，本公司未奉　法院指示
　　　　　前欠難配合辦理，復請　查照。

說　　明：

一、貴公司 96 年○月○日○資函 I 字第 960×××號函
　　敬悉。

二、本公司員工○○○薪資債權乙案係依臺北地方法院民
　　事執行處第 96 執平字 30×××號執行案件指示辦理。

三、前函貴公司業經經濟部核准更名在案敬悉，但本公
　　司僅能依法院指示辦理，在法院未指示本公司前，
　　欠難配合辦理，請見諒。

正本：○○資融股份有限公司

　　　　　～公司條戳～

24. 回覆智財侵權函

檔　　號：

保存年限：

○○股份有限公司　書函

聯絡地址：231 臺北縣○○市○○路○號○樓

承辦人及電話：○○○8919-××××＊××××

受 文 者：○○○智產權事務所

發文日期：中華民國　　年　　月　　日

發文字號：　　　字第　　　號

速　　別：

密等及解密條件：

附　　件：

主　　旨：貴事務所函稱專利雷同乙事復如說明，請　查照。

說　　明：

一、復　貴事務所 97.0×.××檔號 CP01×××號函。

二、貴所代當事人○○股份有限公司發函指稱：本公司
於○○處裝設之「LED 弧形燈具」與該公司專利多
有雷同。

三、經查　貴所提供鑑定報告無從判別該工程究否為本
　　公司承攬；再者，○○工程本公司係再分包予其他
　　廠商施作，即令專利雷同情事亦與本公司無涉。

正本：○○○智產權事務所

　　　　　　～公司條戳～

25.工程會部分撤回函

檔　　號：

保存年限：

○○股份有限公司　書函

聯絡地址：231 臺北縣○○市○○路○號○樓

承辦人及電話：○○○8919-××××*×××××

受　文　者：行政院公共工程委員會

發文日期：中華民國　　年　　月　　日

發文字號：　　　字第　　　號

速　　別：

密等及解密條件：

附　　件：

主　　旨：茲為將調 096××××乙案中「○○區營業處○○年
　　　　　○○區配電外線工程」履約爭議調解案一部撤回，
　　　　　請惠予卓辦並見復。

說　　明：

一、兼復　大會 96 年○月○日工程訴字 0960039×××
　　　×號函。

二、依　大會來函說明二中「○○區營業處○○年○○
　　　區配電外線工程」工程爭議僅為新臺幣（以下同）

3,000 元，卻需繳納調解費 20,000 元，故前開履約爭
議調解對本公司並無訴訟利益可言。

三、現特函將調 096××××乙案中「○○區營業處○○
年○○區配電外線工程」履約爭議調解案一部撤
回，如有任何尚待補正事項，請與本公司經辦○○
○聯絡，電話：02-8919-××××。

正本：行政院公共工程委員會

～公司條戳～

26. 收取存取債權函

26-1 收取存取債權函

檔　　　號：

保存年限：

○○股份有限公司　書函

聯絡地址：231 臺北縣○○市○○路○號○樓

承辦人及電話：○○○8919-××××*××××

受　文　者：有限責任○○信用合作社

發文日期：中華民國　　年　　月　　日

發文字號：○○字第 0970××××號

速　　　別：

密等及解密條件：

附　　　件：如文

主　　　旨：為依法收取趙○○、呂○○存款債權事，請　惠予
　　　　　　配合。

說　　　明：

　　　　一、本公司前經桃園地院核發 97 年執字第 11509 號移轉
　　　　　　命令，針對債務人趙○○（身分證字號：H22092×

　　　　×××）及呂○○（身分證字號：J10218××××）
　　　　於　貴公司存款債權於新臺幣○○○元及手續費
　　　　100元範圍內，准許本公司逕向　貴公司收取。
二、現檢附本公司上海商銀○○分行存摺影本乙份，
　　　　請　貴公司　惠予依法將前開款項逕自匯入該帳
　　　　戶，需配合事項請洽經辦○專員（02）8919-×××
　　　　×*×××××，請查照。

正本：有限責任桃園○○合作社
副本：

　　　　　　　　　～公司條戳～

26-2 收取存款債權函

○○股份有限公司　書函

聯絡地址：231 臺北縣○○市○○路○號○樓

承辦人及電話：○○○8919-××××*××××

受　文　者：○○商業銀行股份有限公司○○分公司

發文日期：中華民國 97 年○月○日

發文字號：　　　　　字第　　　　　號

速　　　別：

密等及解密條件：

附　　　件：如文

主　　　旨：茲因依法收取○○股份有限公司（統一編號：3652
　　　　　　××××）存款債權乙事，請惠予配合辦理。

說　　　明：

一、本公司與　貴行客戶○○股份有限公司間給付票款
　　強制執行事件業經臺北地方法院核發 97 年度執天
　　字第 55×××號執行命令（附件一），准許本公司
　　向　貴行收取該戶存款債權○○元（請先扣除手續
　　費及匯費）。

二、請前開款項逕自匯入本公司於上海商銀新店分行2910100000××××號帳戶（附件二），請惠予配核辦理。

正本：○○商業銀行股份有限公司○○分公司

～公司條戳～

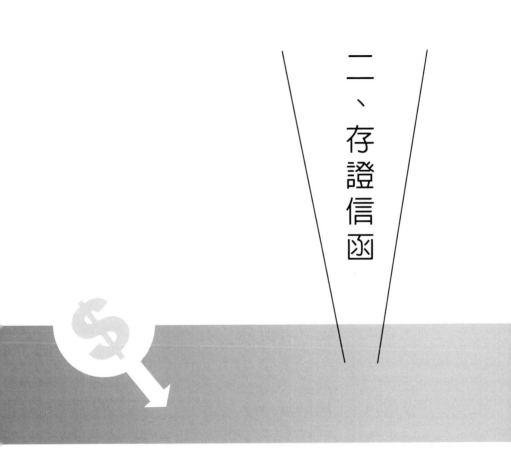

二、存證信函

1. 沒收履保存函

郵局存證信函用紙

副本 正本			
	郵　局	一、寄件人	姓名：○○股份有限公司　負責人：○○○ 印
	存證信函第　　　號		詳細地址：臺北市文山區○○路○○號○樓
		二、收件人	姓名：○○國際商業銀行○○分行
		副本	詳細地址：臺中市○○路○號
		三、收件人	姓名：
			詳細地址： （本欄姓名、地址不敷填寫時，請另紙聯記）

格\行	1	2	3	4	5	6	7	8	9	10	11	12	13	14	15	16	17	18	19	20
一	敬	啟	者	：																
二		臺	端	前	為	○	○	營	造	有	限	公	司	得	標	本	公	司	○	○
三	○	風	景	區	○	○	處	理	廠	等	相	關	工	程	，	於	9	6	.	08.11
四	簽	立	履	約	保	證	金	連	帶	保	證	書	乙	紙	（	如	附	件	）	，現
五	依	該	書	第	二	條	規	定	以	書	面	通	知		貴	公	司	請	將	
六	保	證	款	項	新	臺	幣	五	百	九	十	萬	元	逕	自	撥	入	本	公	司
七	○	○	銀	行	○	○	分	行	帳	戶	，	（	帳	號	：	2	9	1	01000002	
八	×	×	×	）	，	如	有	任	何	疑	問	請	洽	本	公	司	法	務	經	辦
九	先	生	，	電	話	：	0	2	-	8	9	1	9	-	×	×	×	×		
十	懇	請		惠	辦	，	以	維		貴	我	商	誼	。						

本存證信函共　　　頁，正本　　　份，存證費　　　元， 　　　　　　　　　副本　　　份，存證費　　　元， 　　　　　　　　　附件　　　張，存證費　　　元， 　　　　　　　　　加具副本　　份，存證費　　　元，合計　　　元。		黏　　　貼
經　　　　郵局 　年　月　日證明正本內容完全相同　（郵戳）　經辦員 　　　　　　　　　　副　　　　　　　　主管　印		郵　票　或 郵　資　券
備註	一、存證信函需送交郵局辦理證明手續後始有效，自交寄之日起由郵局保存 　　之副本，於三年期滿後銷燬之。 二、在　　頁　　行第　　格下 塗改/增刪 字 印（如有修改應填註本欄並蓋用 　　　　　　　　　　　　　　　　　　寄件人印章，但塗改增刪） 　　　　　　　　　　　　　　　　　　每頁至多不得逾二十字 三、每件一式三份，用不脫色筆或打字機複寫，或書寫後複印、影印，每格 　　限書一字，色澤明顯、字跡端正。	處

（騎縫郵戳）　　　　（騎縫郵戳）

2. 抵銷存函

2-1 抵銷存函

郵局存證信函用紙

副 正 本 本							一、寄件人		姓名：○○股份有限公司　　負責人：○○○ 印												
			存證信函第　　號		郵　局		二、收件人		詳細地址：臺北市○○路○號○樓 姓名：○○環保工程股份有限公司												
						副　本 三、收件人			詳細地址：嘉義市○○街○號○樓 姓名：												
									詳細地址： (本欄姓名、地址不敷填寫時，請另紙聯記)												

格\行	1	2	3	4	5	6	7	8	9	10	11	12	13	14	15	16	17	18	19	20
一	敬	啟	者	：																
二		貴	公	司	委	託	本	公	司	為	○	○	大	學	環	境	資	源	研	究
三	管	理	中	心	資	源	回	收	廠	等	操	作	維	護	工	程	，	所	開	立
四	支	付	工	程	款	之	支	票	（	票	號		E	A	8	6	3	7	×	×
五	N	T	$	2	,	8	1	3	,	4	2	0	）	業	遭	跳	票	。		
六		臺	端	承	攬		本	公	司	○	○	工	程	（	合	約	編			
七	9	2	2	0	4	6	）	，	有	保	留	款	項	$	3	5	4	,	0	0	0	尚	未	領	取	，	現
八	依	民	法	第	3	3	5	條	規	定	通	知		臺	端	將	前	開	款	項	與	盼
九	積	欠	本	公	司	工	程	款	部	分	抵	銷	。	不	足	部	分	，	至	
十	臺	端	盡	速	出	面	解	決	。											

本存證信函共	頁，正本　　份，存證費　　元， 　　　　　副本　　份，存證費　　元， 　　　　　附件　　張，存證費　　元， 　　　　　加具副本　份，存證費　　元，合計　　元。		黏　　貼	
經　　　郵局 年　月　日證明正本內容完全相同 　　　　　　副		經辦員 主　管　印	郵　票　或 郵　資　券	
備 註	一、存證信函需送交郵局辦理證明手續後始有效，自交寄之日起由郵局保存 　　之副本，於三年期滿後銷燬之。 二、在　頁　行第　格下增刪　字　印（如有修改應填註本欄並蓋用 　　　　　　　塗改　　　　　　　　寄件人印章，但塗改增刪） 　　　　　　　　　　　　　　　每頁至多不得逾二十字。 三、每件一式三份，用不脫色筆或打字機複寫，或書寫後複印、影印，每格 　　限書一字，色澤明顯、字跡端正。		處	

（騎縫郵戳）　　　　　（騎縫郵戳）

2-2 抵銷存函

郵局存證信函用紙

	正本 副本					
		郵　局 存證信函第　　號	一、寄件人	姓名：○○股份有限公司　　負責人：○○○　印 詳細地址：台北市○○路○號○樓
			二、收件人 副本	姓名：○○股份有限公司 詳細地址：台北市○○路○號○樓
			三、收件人	姓名： 詳細地址： （本欄姓名、地址不敷填寫時，請另紙聯記）

行＼格	1	2	3	4	5	6	7	8	9	10	11	12	13	14	15	16	17	18	19	20
一	敬	啟	者	：																
二	台	端	承	攬	本	公	司	「	○	○	工	程	」	，	本	公	司	前	以	新
三	店	○	○	郵	局	第	×	×	號	存	證	信	函	終	止	貴	我	間	合	約
四	關	係	。																	
五		經	查		貴	公	司	前	開	承	攬	尚	有	工	程	保	留	款	新	台
六	幣	4	6	9	,	2	2	1	尚	未	領	取	，	特	函	通	知		貴	公	司	將	前
七	開	款	項	抵	銷	，	不	足	部	分	本	公	司	另	將	追	究	履	約	及
八	相	關	衍	生	之	損	害	賠	償	責	任	。	務	請	自	重	，	免	致	訟
九	累	。																		
十																				

本存證信函共	頁，正本	份，存證費	元，		黏　　　　貼
	副本	份，存證費	元，		
	附件	張，存證費	元，		
	加具副本	份，存證費	元，合計　　元。		
經	郵局				郵　票　或
年　月　日證明正本內容完全相同　（郵戳）　　經辦員　主管　印					郵　資　券

備註
一、存證信函需送交郵局辦理證明手續後始有效，自交寄之日起由郵局保存之副本，於三年期滿後銷燬之。
二、在　頁　行第　格下　塗改　字　如有修改應填註本欄並蓋用　印（寄件人印章，但塗改增刪）　增刪　　　每頁至多不得逾二十字。
三、每件一式三份，用不脫色筆或打字機複寫，或書寫後複印、影印，每格限書一字，色澤明顯、字跡端正。

處

（騎縫郵戳）　　　　　（騎縫郵戳）

2-3 抵銷存函

郵局存證信函用紙

<table>
<tr><td rowspan="5">副 正
本</td><td rowspan="5">郵　局

存證信函第　　　號</td><td>一、寄件人</td><td>姓名：○○股份有限公司　　負責人：○○○ 印</td></tr>
<tr><td></td><td>詳細地址：台北市○○路○號○樓</td></tr>
<tr><td rowspan="2">二、收件人
副　本</td><td>姓名：○○股份有限公司</td></tr>
<tr><td>詳細地址：高雄市○○路○號○F</td></tr>
<tr><td>三、收件人</td><td>姓名：
詳細地址：
（本欄姓名、地址不敷填寫時，請另紙聯記）</td></tr>
</table>

格／行	1	2	3	4	5	6	7	8	9	10	11	12	13	14	15	16	17	18	19	20
一	敬	啟	者	：																
二	台	端	前	承	包	本	公	司	「	○	○	工	程	」	等	間	糾	葛	，	
三	業	經	台	北	地	方	法	院	9	3	年	度	票	字	第	×	×	×	號	確
四	定	本	票	裁	定	暨	高	雄	地	方	法	院	9	6	年	促	字	第	×	×
五	×	號	確	定	支	付	命	令	在	案	，	現	依	民	法	第	三	百	三	十
六	五	條	通	知	將	台	端	未	領	款	項	N	T	$	1	,	1	2	9	.	1	2	0	逕	行
七	抵	銷	。																	
八		日	後	，	台	端	若	再	無	理	發	函	致	生	爭	端	，	本	公	司
九	定	當	依	法	追	究	，	絕	不	寬	貸	。								
十																				

本存證信函共　　頁，正本　　份，存證費　　元，
　　　　　　　　副本　　份，存證費　　元，
　　　　　　　　附件　　張，存證費　　元，
　　　　　　　加具副本　　份，存證費　　元，合計　　元。

經　　年　　月　　日證明正本內容完全相同　郵局　郵戳　經辦員　主管 印

黏　貼

郵　票　或
郵　資　券

處

備註：
一、存證信函需送交郵局辦理證明手續後始有效，自交寄之日起由郵局保存之副本，於三年期滿後銷燬之。
二、在　　頁　　行第　　格下　塗改　　字　印　增刪（如有修改應註明本欄並蓋用寄件人印章，但塗改增刪每頁至多不得逾二十字。）
三、每件一式三份，用不脫色筆或打字機複寫，或書寫後複印、影印，每格限書一字，色澤明顯，字跡端正。

騎縫郵戳　　　騎縫郵戳

3. 催告貨款存函

郵局存證信函用紙

副 正
本 本

	郵 局	
存證信函第 號		

一、寄件人　姓名：○○股份有限公司　負責人：○○○ 印
　　　　　詳細地址：新店市民權路○號○樓

二、收件人　姓名：財團法人○○中心
　　　　　詳細地址：104 臺北市○○路○號○樓
　　副 本

三、收件人　姓名：
　　　　　詳細地址：
　　　　　（本欄姓名、地址不敷填寫時，請另紙聯記）

格行	1	2	3	4	5	6	7	8	9	10	11	12	13	14	15	16	17	18	19	20
一	敬	啟	者	：																
二		貴	公	司	前	向	本	公	司	訂	購	器	材	乙	批	，	共	計	新	臺
三	幣	×	×	元	整		前	開	物	件	業	於	×	×	年	×	×	月	×	×	日	送
四	抵	，	並	經		貴	公	司	經	辦	人	員	○	○	○	簽	收	，	此	有
五	本	公	司	送	貨	單	及	簽	收	字	樣	為	據	，	本	公	司	經	辦	人
六	員	曾	多	次	電	話	促	請	付	款	，	詎	料	貨	款	迄	未	付	清	。
七		現	以	此	函	催	告		貴	公	司	限	於	函	到	五	日	內	付	清
八	前	開	款	項	，	否	必	依	法	追	究	，	務	請	自	重	，	以	免	訟
九	累	。	如	需	對	帳	或	需	本	公	司	帳	戶	事	宜	，	請	與	經	辦
十	人	員	：	○	○	○	，	電	話	：	2	5	0	0	-	×	×	×	聯	繫	。

本存證信函共　　頁，正本　　份，存證費　　元，
　　　　　　　　　副本　　份，存證費　　元，
　　　　　　　　　附件　　張，存證費　　元，
　　　　　　　　　加具副本　　份，存證費　　元，合計　　元。

經　　　郵局
年　月　日證明正本內容完全相同　郵戳　經辦員　　　印
　　　　　　　　　　副　　　　　　　　主管

黏　　貼

郵　票　或
郵　資　券

處

備註
一、存證信函需送交郵局辦理證明手續後始有效，自交寄之日起由郵局保存之副本，於三年期滿後銷燬之。
二、在　頁　行第　格下 塗改 增刪　字 印（如有修改應填註本欄並蓋用寄件人印章，但塗改增刪）每頁至多不得逾二十字。
三、每件一式三份，用不脫色筆或打字機複寫，或書寫後複印、影印，每格限書一字，色澤明顯，字跡端正。

騎縫郵戳　　　　騎縫郵戳

*4.*催告清償存函

郵局存證信函用紙

副 正本 本																				

郵　局　　　　　一、寄件人　姓名：○○工業有限公司　　印

存證信函第　　　號　　　　　　　詳細地址：臺北市○○路○號○樓

　　　　　　　　　　　二、收件人　姓名：○○股份有限公司

　　　　　　　　　　　　副　本　詳細地址：臺北市內湖區○○街○號○F

　　　　　　　　　　　三、收件人　姓名：

　　　　　　　　　　　　　　　　詳細地址：

　　　　　　　　　　　　（本欄姓名、地址不敷填寫時，請另紙聯記）

格行	1	2	3	4	5	6	7	8	9	10	11	12	13	14	15	16	17	18	19	20
一	敬	啟	者	：																
二		本	公	司	前	承	攬		貴	公	司	「	○	○	新	村	污	水	處	理
三	廠	增	設	○	○	設	備	No	.	×	×	×	」	工	程	，	本	公	司	前於
四	95	.01		開	立		K	U	5	2	8	×	×	×	發	票	請	領	款	項	NT$
五	79	3,	50	0，	詎	料	迄	今	仍	未	獲		貴	公	司	給	付	，	其	間
六	雖	多	次	催	促		貴	公	司	均	置	之	不	理	。					
七		現	特	函	催	告		貴	公	司	限	於	函	到	五	日	內	清	償	，
八	否	即	向	國	稅	局	告	發		貴	公	司	涉	嫌	逃	漏	稅	，	並	追
九	究	相	關	賠	償	責	任	。	務	請	自	重	，	免	致	訟	累	。		
十																				

本存證信函共　　　頁，正本　　　份，存證費　　　元，

　　　　　　　　副本　　　份，存證費　　　元，

　　　　　　　　附件　　　張，存證費　　　元，

　　　　　　　加具副本　　　份，存證費　　　元，合計　　　元。

經　　　　郵局
　年　月　　日證明正本內容完全相同　郵戳　　經辦員
　　　　　　　　　　　　　　　　　　　　　　主管　　印

黏		貼
郵　票　或		
郵　資　券		
處		

備註

一、存證信函需送交郵局辦理證明手續後始有效，自交寄之日起由郵局保存之副本，於三年期滿後銷燬之。

二、在　頁　行第　格下　塗改　　字　　印（如有修改應填註本欄並蓋用寄件人印章，但塗改增刪）　　　　　　　　增刪　　　　　　　每頁至多不得逾二十字

三、每件一式三份，用不脫色筆或打字機複寫，或書寫後複印、影印，每格限書一字，色澤明顯、字跡端正。

騎縫郵戳　　　　騎縫郵戳

5.催告貨款存函

郵局存證信函用紙

副 正 本 本	

郵 局 存證信函第　　號	一、寄件人	姓名：○○工業有限公司　　　　印 詳細地址：臺北市○○路○號○樓
	二、收件人 副 本	姓名：○○股份有限公司 詳細地址：臺北市內湖區○○街○號○F
	三、收件人	姓名： 詳細地址： （本欄姓名、地址不敷填寫時，請另紙聯記）

格 行	1	2	3	4	5	6	7	8	9	10	11	12	13	14	15	16	17	18	19	20
一	敬	啟	者	：																
二		貴	公	司	於	96	年	元	月	15	日	已	收	本	公	司	應	請	領	第
三	16	期	工	程	款	發	票	（	如	附	件	），	由	於		貴	公	司	應	支
四	付	本	公	司	工	程	款	為	$	3	,	7	1	6	,	×	×	×	元	整	，	迄	今	尚
五	未	支	付	本	公	司	第	16	期	工	程	款	，	另		貴	公	司	用	此
六	發	票	已	申	報	稅	務	機	關	，	嚴	重	影	響	本	公	司	權	益	及
七	違	反	合	約	精	神	，	請		貴	公	司	於	文	到	三	日	內	支	付
八	上	列	應	付	工	程	款	項	，	屆	時	未	付	本	公	司	將	依	法	追
九	討	及	行	文	至	稅	務	機	關		懇	請		貴	公	司	體	恤	商	艱
十	以	維	雙	方	權	益	。													

本存證信函共　　頁，正本　　份，存證費　　元， 　　　　　　　副本　　份，存證費　　元， 　　　　　　　附件　　張，存證費　　元， 　　　　　　　加具副本　　份，存證費　　元，合計　　元。	黏　　　貼
經　　　郵局 　年　月 　　日證明正本內容完全相同　（郵戳）　經辦員 　　　　　　副　　　　　　　　　　　主管　印	郵　票　或 郵　資　券
一、存證信函需送交郵局辦理證明手續後始有效，自交寄之日起由郵局保存 　　之副本，於三年期滿後銷燬之。 二、在　頁　行第　格下塗改　　字　印（如有修改應填註本欄並蓋用 備 註　　　　　　　　增刪　　　　　寄件人印章，但塗改增刪） 　　　　　　　　　　　　　　　　　每頁至多不得逾二十字 三、每件一式三份，用不脫色筆或打字機複寫，或書寫後複印、影印，每格 　　限書一字，色澤明顯、字跡端正。	處

騎縫郵戳　　　　　騎縫郵戳

6.催告進度存函

郵局存證信函用紙

副正
本本

存證信函第　　　號	郵　局	一、寄件人

一、寄件人　姓名：○○股份有限公司　　負責人：○○○　印
　　　　　　詳細地址：臺北市文山區○○路○○號○樓
二、收件人　姓名：○○電機股份有限公司
　　　　　　詳細地址：彰化縣鹿港鎮○○路○號
　副　本
三、收件人　姓名：
　　　　　　詳細地址：
　　　　　　（本欄姓名、地址不敷填寫時，請另紙聯記）

格行	1	2	3	4	5	6	7	8	9	10	11	12	13	14	15	16	17	18	19	20
一	敬	啟	者	：																
二		貴	公	司	承	攬	敝	公	司	「	○	○	中	心	系	統	工	程	」	之
三	鋼	結	構	分	項	工	程	，	貴	公	司	進	度	已	嚴	重	落	後	計	達
四	百	分	之	十	以	上	，	業	已	該	當	前	開	合	約	第	十	七	條	終
五	止	合	約	關	係	之	條	件	。											
六		現	特	函	催	告	貴	公	司	於	函	到	十	日	內	改	善	工	進	
七	達	預	定	進	度	或	盡	速	與	本	公	司	協	商	解	決	方	案	，	否
八	則	本	公	司	定	將	依	約	追	究	履	約	責	任	及	相	關	衍	生	之
九	損	害	賠	償	。	務	請	盡	速	辦	理	，	免	致	訟	累	。			
十																				

本存證信函共　　頁，正本　　份，存證費　　元，
　　　　　　　　　副本　　份，存證費　　元，
　　　　　　　　　附件　　張，存證費　　元，
　　　　　　　加具副本　　份，存證費　　元，合計　　元。

經　　　　郵局
　年　月　日證明正本內容完全相同　郵戳　　經辦員
　　　　　　　　　　　　　　副　　　　　　主管　　印

黏　　　貼

郵　票　或
郵　資　券

處

備註
一、存證信函需送交郵局辦理證明手續始有效，自交寄之日起由郵局保存
　　之副本，於三年期滿後銷燬之。
二、在　　頁　　行第　　格下　塗改　　字　印（如有修改應填註本欄並蓋用
　　　　　　　　　　　　　增刪　　　　　　寄件人印章，但塗改增刪）
　　　　　　　　　　　　　　　　　　　　　每頁至多不得逾二十字
三、每件一式三份，用不脫色筆或打字機複寫，或書寫後複印、影印，每格
　　限書一字，色澤明顯、字跡端正。

騎縫郵戳　　　　騎縫郵戳

7. 催告返還保固金存函

郵局存證信函用紙

	正本 副本				一、寄件人	姓名：○○股份有限公司　負責人：○○○ [印]
		存證信函第　　　號	郵　局　　　號			詳細地址：新店市民權路○號○樓
					二、收件人	姓名：財團法人○○中心
					副本	詳細地址：104 臺北市○○路○號○樓
					三、收件人	姓名：
						詳細地址：
						(本欄姓名、地址不敷填寫時，請另紙聯記)

行＼格	1	2	3	4	5	6	7	8	9	10	11	12	13	14	15	16	17	18	19	20
一	敬	啟	者	：																
二	本	公	司	承	攬		貴	中	心	「	○	○	○	○		處	理	控	管	系
三	統	開	發	」	案	保	固	期	業	已	於	95	年		5	月	屆	滿	，	本 公
四	司	曾	多	次	促	請		貴	中	心	依	約	返	還	保	固	金	，	且	於
五	保	固	期	屆	至	後	為	維	貴	我	商	誼	仍	積	極	配	合	修	正	部
六	分	系	統	功	能	，	証	料	前	開	修	正	於	97.06.25			完	成	並	
七	經	貴	中	心	承	辦	人	員	驗	收	簽	認	，	但	貴	心	中	迄	今	仍
八	未	退	還	保	固	金	。	現	以	此	函	催	告	貴	中	心	限	於	函	到
九	十	日	內	返	還	保	固	金	，	否	即	依	法	訴	追	，	敬	祈	自	重，
十	以	免	訟	累	。															

本存證信函共　　　頁，正本　　　份，存證費　　　元，		黏　　　貼
副本　　　份，存證費　　　元， 　　　　　　　　　附件　　　張，存證費　　　元， 　　　　　　　　　加具副本　　份，存證費　　元，合計　　元。		
經　　　年　　月　郵局 日證明　正 本內容完全相同　　(郵戳)　　經辦員 　　　　　副 主管　　[印]		郵　票　或 郵　資　券
備註　一、存證信函需送交郵局辦理證明手續後始有效，自交寄之日起由郵局保存 之副本，於三年期滿後銷燬之。 二、在　　頁　行第　　格下　塗改 增刪　字　[印]　如有修改應註本欄並蓋用 寄件人印章，但塗改增刪） 每頁至多不得逾二十字 三、每件一式三份，用不脫色筆或打字機複寫，或書寫後複印、影印，每格 限書一字，色澤明顯，字跡端正。		處

（騎縫郵戳）　　　　（騎縫郵戳）

8.催告澄清存函

郵局存證信函用紙

副正 本					一、寄件人	姓名：○○股份有限公司　董事長：○○○　[印]
		郵　局				詳細地址：臺北縣新店市○路○號○F
	存證信函第　　號			二、收件人	姓名：○○股份有限公司
				副　本	詳細地址：臺北縣板橋市○○路○號○樓
				三、收件人	姓名：
					詳細地址： （本欄姓名、地址不敷填寫時，請另紙聯記）

格 行	1	2	3	4	5	6	7	8	9	10	11	12	13	14	15	16	17	18	19	20
一	敬	啟	者	：																
二		臺	端	前	發	9	7	.	0	8	.	0	8	臺	北	逸	仙	郵	局	第	1	×	×	×	號
三	存	證	信	函	敬	悉	。													
四		貴	公	司	前	開	存	證	信	函	否	認	簽	發	系	爭	本	票	，	但
五	查		貴	公	司	承	攬	本	公	司	多	項	工	程	，	留	存	契	約	及
六	本	票	蓋	用	印	鑑	多	有	不	同	，	貴	公	司	否	認	印	鑑	俱	皆
七	出	現	於	前	開	文	件	中	，	本	公	司	現	正	與	法	律	顧	問	研
八	議	是	否	該	當	詐	欺	與	偽	造	有	價	證	券	罪	責	。			
九		特	函	催	告	貴	公	司	限	於	文	到	三	日	內	出	面	澄	清	，
十	否	即	依	法	追	究	民	刑	事	責	任	，	務	請	自	重	。			

本存證信函共　　頁，正本　　份，存證費　　元， 　　　　　　　　副本　　份，存證費　　元， 　　　　　　　　附件　　張，存證費　　元， 　　　　　　　　加具副本　　份，存證費　　元，合計　　元。		黏　　貼
經　　　郵局 年　月　日證明正本內容完全相同　[郵戳]　　經辦員 　　　　　　　副　　　　　　　　　　　　主管　[印]		郵　票　或 郵　資　券 處
備註	一、存證信函需送交郵局辦理證明手續後始有效，自交寄之日起由郵局保存 　　之副本，於三年期滿後銷燬之。 二、在　頁　行第　格下增刪　字　塗改 　　　　　　　　　　　　　　　　　[印] 如有修改應填註本欄並蓋用 　　　　　　　　　　　　　　　　寄件人印章，但塗改增刪） 　　　　　　　　　　　　　　　　每頁至多不得逾二十字。 三、每件一式三份，用不脫色筆或打字機複寫，或書寫後複印、影印，每格 　　限書一字，色澤明顯，字跡端正。	

　　　　（騎縫郵戳）　　　　　　　　（騎縫郵戳）

9.違反查封存函

郵局存證信函用紙

副本	正本				
		郵　局	一、寄件人	姓名：○○股份有限公司	印
	存證信函第　　號			詳細地址：臺中市○○路○號○F	
			二、收件人	姓名：○○科技股份有限公司	
			副　本	詳細地址：臺北縣新店市○○路○號○F	
			三、收件人	姓名：○○○	
				詳細地址：屏東縣屏東市○○路○號	
				（本欄姓名、地址不敷填寫時，請另紙聯記）	

行\格	1	2	3	4	5	6	7	8	9	10	11	12	13	14	15	16	17	18	19	20
一	敬	啟	者	：																
二		緣	貴	公	司	員	工	○	○	○	因	積	欠	本	公	司	債	務	業	
三	經	臺	北	地	方	法	院	於	9	6	.	0	2	.	1	6	核	發	9	6	年	執	字	第	×
四	×	×	×	號	扣	押	命	令	，	但	據	悉	貴	公	司	竟	公	然	違	背
五	法	院	命	令	於	三	月	初	仍	撥	付	該	員	薪	資	，	該	行	為	業
六	已	該	當	刑	法	第	1	3	9	條	違	背	查	封	效	力	罪	，	而	該	員
七	行	為	亦	該	當	刑	法	第	3	5	6	條	損	害	債	權	罪	，	特	函	催
八	告	於	函	到	五	日	內	與	本	公	司	聯	繫	解	決	（	0	4	）	×	×
九	×	×	-	×	×	×	×	經	辦	呂	先	生	，	否	則	依	法	向	地	檢	署	提
十	出	告	發	絕	不	寬	貸	，	切	勿	自	誤	，	而	貽	訟	累	。		

本存證信函共　　頁，正本　　份，存證費　　元，
　　　　　　　　　副本　　份，存證費　　元，
　　　　　　　　　附件　　張，存證費　　元，
　　　　　　　　　加具副本　　份，存證費　　元，合計　　元。

經　　　郵局
　年　月
　　日證明正本內容完全相同　郵戳
　　　　　　　副

經辦員
主管　印

黏　　　貼

郵　票　或
郵　資　券

處

備註

一、存證信函需送交郵局辦理證明手續後始有效，自交寄之日起由郵局保存之副本，於三年期滿後銷燬之。

二、在　　頁　　行第　　格下塗改增刪　　字　印　（如有修改應註明本欄並蓋用寄件人印章，但塗改增刪每頁至多不得逾二十字）

三、每件一式三份，用不脫色筆或打字機複寫，或書寫後複印、影印，每格限書一字，色澤明顯，字跡端正。

騎縫郵戳　　　　騎縫郵戳

10. 催告繼承人存函

10-1 催告繼承人存函

郵局存證信函用紙

副 正本 本																			

<table>
<tr><td rowspan="4">存證信函第　　　號</td><td rowspan="4">郵　局　　　號</td><td>一、寄件人</td><td colspan="2">姓名：○○股份有限公司　　負責人：○○○　印</td></tr>
<tr><td></td><td>詳細地址：臺北市文山區○○路○○號○樓</td></tr>
<tr><td>二、收件人
副　本</td><td>姓名：○○○
詳細地址：彰化縣鹿港鎮○○路○號</td></tr>
<tr><td>三、收件人</td><td>姓名：
詳細地址：
（本欄姓名、地址不敷填寫時，請另紙聯記）</td></tr>
</table>

行\格	1	2	3	4	5	6	7	8	9	10	11	12	13	14	15	16	17	18	19	20
一	敬	啟	者	：																
二		緣	○	○	○	（	A	1	2	3	4	5	6	7	8	×	）	與	本	公	司	間	票	據	債
三	務	乙	事	業	經	臺	北	地	院	9	6	年	度	票	字	第	×	×	×	號
四	受	理	在	案	，	後	查	知	○	○	○	已	於	9	3	.	0	7	.	2	6	過	世	，
五	且	經	函	查	臺	北	地	院	並	無	繼	承	人	聲	請	拋	棄	或	限	定
六	繼	承	事	，	依	法	前	開	債	務	應	由	其	繼	承	人	等	當	然	繼
七	承	。																		
八		特	函	通	知	臺	端	，	希	於	函	到	五	日	內	主	動	與	本	公
九	司	聯	繫	，	逾	期	將	依	法	訴	追	，	切	勿	自	誤	為	禱	。	電
十	話	：	8	9	1	9	-	×	×	×	×	*	×	×	×	×	轉	法	務	

<table>
<tr><td colspan="4">本存證信函共　　　頁，正本　　　份，存證費　　　元，
　　　　　　　　　　副本　　　份，存證費　　　元，
　　　　　　　　　　附件　　　張，存證費　　　元，
　　　　　　　　加具副本　　　份，存證費　　　元，合計　　　元。</td><td rowspan="2">黏　　　貼</td></tr>
<tr><td>經
　年　月
　日</td><td>郵局
證明正
　　副</td><td>本內容完全相同　郵戳</td><td>經辦員　　　印
主管</td></tr>
<tr><td rowspan="3">備
註</td><td colspan="3">一、存證信函需送交郵局辦理證明手續後始有效，自交寄之日起由郵局保存
　　之副本，於三年期滿後銷燬。</td><td rowspan="2">郵　票　或
郵　資　券</td></tr>
<tr><td colspan="3">二、在　　頁　　行第　　格下
　　　　　　　　　　　　塗改
　　　　　　　　　　　　增刪　字　印　如有修改應填註本欄並蓋用
　　　　　　　　　　　　　　　　　寄件人印章，但塗改增刪
　　　　　　　　　　　　　　　　　每頁至多不得逾二十字。</td></tr>
<tr><td colspan="3">三、每件一式三份，用不脫色筆或打字機複寫，或書寫後複印、影印，每格
　　限書一字，色澤明顯、字跡端正。</td><td>處</td></tr>
</table>

（騎縫郵戳）　　　　　　　（騎縫郵戳）

10-2 催告繼承人存函

郵局存證信函用紙

<table>
<tr><td rowspan="4">副 正
本 本</td><td rowspan="4" colspan="2">郵 局
存證信函第　　　號</td><td>一、寄件人</td><td>姓名：○○股份有限公司

詳細地址：臺中市○○路○號○F</td></tr>
<tr><td>二、收件人</td><td>姓名：○○○

詳細地址：屏東縣○○鄉○○路○號</td></tr>
<tr><td>三、收件人</td><td rowspan="2">姓名：

詳細地址：</td></tr>
<tr><td>副　本</td></tr>
</table>

行\格	1	2	3	4	5	6	7	8	9	10	11	12	13	14	15	16	17	18	19	20
一	敬	啟	者	：																
二		緣	債	務	人	○	○	○	女	士	前	與	○	○	銀	行	間	有	現	金
三	卡	之	債	權	債	務	關	係	，	現	係	該	債	務	業	已	轉	讓	與	本	公
四	司	，	後	查	知	○	○	○	已	過	世	，	且	經	函	查	屏	東	地	院
五	並	無	繼	承	人	聲	請	拋	棄	或	限	定	繼	承	事	，	依	法	債	務
六	人	生	前	之	債	務	應	由	係	該	繼	承	人	當	然	繼	承	。	故	特
七	為	此	函	通	知	臺	端	等	，	承	希	臺	端	於	函	到	五	日	內	主
八	動	與	本	公	司	聯	繫	，	逾	期	將	依	法	訴	追	，	希	勿	自	誤
九	為	禱	。	電	話	：	0	4	×	×	×	×	×	×	×	轉	法	務	○	先
十	生	。	附	件	：	債	權	讓	與	證	明	書	影	本	乙	紙	。			

本存證信函共　　　頁，正本　　　份，存證費　　　元，
　　　　　　　　副本　　　份，存證費　　　元，
　　　　　　　　附件　　　張，存證費　　　元，
　　　　　　　加具副本　　　份，存證費　　　元，合計　　　元。

經　　　　　郵局
　年　　月　　日證明正本內容完全相同　　（郵戳）　　經辦員
　　　　　　　　　　　　　　　　　　　　　　　主管　　　印

黏　　　貼

郵　票　或
郵　資　券

處

備註：
一、存證信函需送交郵局辦理證明手續後始有效，自交寄之日起由郵局保存之副本，於三年期滿後銷燬之。
二、在　　　頁　　　行第　　　格下塗改增刪　　　字（如有修改應填註本欄並蓋用寄件人印章，但塗改增刪）印　　每頁至多不得逾二十字。
三、每件一式三份，用不脫色筆或打字機複寫，或書寫後複印、影印，每格限書一字，色澤明顯、字跡端正。

（騎縫郵戳）　　　　　　　（騎縫郵戳）

11. 終止合約存函

11-1 終止合約存函

郵局存證信函用紙

副本 正本		郵　局 存證信函第　　號		一、寄件人	姓名：○○股份有限公司　　　　　印
					詳細地址：臺北縣○○市○路○號○F
				二、收件人	姓名：○○股份有限公司
					詳細地址：臺北市○○路○○號○樓
				副　本 三、收件人	姓名：○○有限公司
					詳細地址：高雄市○○街○○號 (本欄姓名、地址不敷填寫時，請另紙聯記)

格\行	1	2	3	4	5	6	7	8	9	10	11	12	13	14	15	16	17	18	19	20
一	敬	啟	者	：																
二		臺	端	承	攬	本	公	司	○	○	分	案	○	○	○	○	工	程	，	經
三	查	臺	端	票	據	信	用	赫	然	發	現	臺	端	業	已	因	存	款	不	足
四	發	生	退	票	情	事	，	前	開	情	事	業	已	該	當	合	約	規	定	違
五	約	。																		
六		現	依	貴	我	合	約	第	十	七	條	規	定	自	即	日	起	終	止	貴
七	我	合	約	關	係	，	並	將	沒	收	履	約	保	證	金	及	追	究	臺	端
八	違	約	產	生	之	一	切	損	害	。										
九																				
十																				

本存證信函共　　　頁，正本　　　份，存證費　　　元， 　　　　　　　　　副本　　　份，存證費　　　元， 　　　　　　　　　附件　　　張，存證費　　　元， 　　　　　　　　加具副本　　份，存證費　　元，合計　　元。 經　　　　郵局 　年　月　日證明正本內容完全相同　郵戳　經辦員 　　　　　　　　　　副　　　　　　　　　主管　　印	黏　　　貼 郵　票　或 郵　資　券 處

備註

一、存證信函需送交郵局辦理證明手續後始有效，自交寄之日起由郵局保存之副本，於三年期滿後銷燬之。

二、在　　頁　　行第　　格下 塗改
　　　　　　　　　　　　　增刪　　字　印（如有修改應填註本欄並蓋用
　　　　　　　　　　　　　　　　　　　寄件人印章，但塗改增刪
　　　　　　　　　　　　　　　　　　　每頁至多不得逾二十字）

三、每件一式三份，用不脫色筆或打字機複寫，或書寫後複印、影印，每格限書一字，色澤明顯、字跡端正。

（騎縫郵戳）　　　　（騎縫郵戳）

11-2 終止合約存函

郵局存證信函用紙

正本 副本

	郵局 存證信函第　　號	一、寄件人	姓名：○○股份有限公司　負責人：○○○ 印 詳細地址：臺北市○○路○號○樓	
		二、收件人 副本	姓名：○○股份有限公司 詳細地址：臺北市○○路○號○樓	
		三、收件人	姓名：○○實業股份有限公司 詳細地址：臺北市○○街○○號○樓 （本欄姓名、地址不敷填寫時，請另紙聯記）	

格\行	1	2	3	4	5	6	7	8	9	10	11	12	13	14	15	16	17	18	19	20
一	敬	啟	者	：																
二			臺	端	承	攬	本	公	司	「	○	○	分	案	機	電	工	程	之	主	體	、
三	東	側	大	樓	○	○	○	系	統	施	工	工	程	」	，	據	施	工	所	回
四	報	：	貴	公	司	現	已	不	再	派	工	進	場	施	作	，	業	已	該	當
五	前	開	合	約	第	十	七	條	終	止	合	約	關	係	之	條	件	。		
六		現	特	函	通	知		貴	公	司	即	日	起	依	約	終	止	貴	我	合
七	約	關	係	，	本	公	司	並	將	追	究	履	約	責	任	及	相	關	衍	生
八	之	損	害	賠	償	。	務	請	自	重	，	免	致	訟	累	。				
九																				
十																				

本存證信函共　　頁，正本　　份，存證費　　元， 　　　　　　　副本　　份，存證費　　元， 　　　　　　　附件　　張，存證費　　元， 　　　　　　　加具副本　　份，存證費　　元，合計　　元。 經 　年　月　　郵局 　　　日證明正本內容完全相同　郵戳　經辦員 主管 印 　　　　　　　副	黏　　貼 郵　票　或 郵　資　券 處
一、存證信函需送交郵局辦理證明手續後始有效，自交寄之日起由郵局保存 　　之副本，於三年期滿後銷燬之。 備 註　二、在　　頁　　行第　　格下　塗改 　　　　　　　　　　　　　　　增刪　　字　　印（如有修改應填註本欄並蓋用 　　　　　　　　　　　　　　　　　　　　　　寄件人印章，但塗改增刪） 　　　　　　　　　　　　　　　　　　　　　每頁至多不得逾二十字 　三、每件一式三份，用不脫色筆或打字機複寫，或書寫後複印、影印，每格 　　　限書一字，色澤明顯、字跡端正。	

騎縫郵戳　　　　　騎縫郵戳

12. 通知銀行存函

郵局存證信函用紙

	副本 正本				

<table>
<tr><td rowspan="3">存證信函第　　　號</td><td rowspan="3">郵　局</td><td>一、寄件人</td><td colspan="2">姓名：○○股份有限公司　負責人：○○○ 印
詳細地址：臺北市○○路○號○樓</td></tr>
<tr><td>二、收件人
副　本</td><td colspan="2">姓名：○○銀行
詳細地址：臺北市○○路○號○樓</td></tr>
<tr><td>三、收件人</td><td colspan="2">姓名：○○實業股份有限公司
詳細地址：臺北市○○街○號○樓
（本欄姓名、地址不敷填寫時，請另紙聯記）</td></tr>
</table>

格\行	1	2	3	4	5	6	7	8	9	10	11	12	13	14	15	16	17	18	19	20
一	敬	啟	者	：																
二		本	公	司	依	臺	南	地	院	9	8	年	度	促	字	第	×	×	×	號	確
三	定	支	付	命	令	，	向	法	院	聲	請	對	○	○	實	業	股	份	有	限	公
四	司	強	制	執	行	，	且	業	於	9	0	×	．	×	×	完	成	查	封	程	序	，
五	現	正	進	行	鑑	價	程	序	中	。										
六		因	查	封	當	日	該	公	司	○	總	經	理	曾	表	示	部	分	財	產
七	係	設	定	予		貴	銀	行	，	為	免	發	生	查	封	錯	誤	而	導	致	貴
八	我	爭	端	，	特	函	請		貴	銀	行	惠	予	配	合	清	點	○	○	公
九	所	有	資	產	，	請	指	定	期	日	後	賜	告	0	2	-	2	7	1	1	-	×	×	×
十	經	辦	○	先	生	，	無	任	感	激	。									

<table>
<tr><td colspan="2">本存證信函共　　頁，正本　　　份，存證費　　　元，
　　　　　　　　　副本　　　份，存證費　　　元，
　　　　　　　　　附件　　　張，存證費　　　元，
　　　　　　　　　加具副本　份，存證費　　　元，合計　　　元。</td><td>黏　　　　貼</td></tr>
<tr><td>經　　　　　郵局
　年　月　日證明正本本內容完全相同　　郵戳
　　　　　　　　　副</td><td>經辦員
主　管　　印</td><td rowspan="2">郵　票　或
郵　資　券</td></tr>
<tr><td colspan="2" rowspan="3">一、存證信函需送交郵局辦理證明手續後始有效，自交寄之日起由郵局保存
　　之副本，於三年期滿後銷燬之。
二、在　　頁　　行第　　格下增刪　　字　塗改　如有修改應填註本欄並蓋用
　　　　　　　　　　　　　　　　　　印　寄件人印章，但塗改增刪）
　　　　　　　　　　　　　　　　　　　　每頁至多不得逾二十字。
三、每件一式三份，用不脫色筆或打字機複寫，或書寫後複印、影印，每格
　　限書一字，色澤明顯、字跡端正。</td></tr>
</table>

（備註）
一、存證信函需送交郵局辦理證明手續後始有效，自交寄之日起由郵局保存之副本，於三年期滿後銷燬之。
二、在　　頁　　行第　　格下增刪　　字　塗改　如有修改應填註本欄並蓋用寄件人印章，但塗改增刪）每頁至多不得逾二十字。
三、每件一式三份，用不脫色筆或打字機複寫，或書寫後複印、影印，每格限書一字，色澤明顯、字跡端正。

騎縫郵戳　　　　騎縫郵戳

13. 催告協商存函

郵局存證信函用紙

副 正 本 本	郵 局 存證信函第　　　號	一、寄件人	姓名：○○股份有限公司　負責人：○○○　　印 詳細地址：臺北縣○○市○○路○○號
		二、收件人 副 本	姓名：○○市政府 詳細地址：○○市○○路○○號
		三、收件人	姓名： 詳細地址： （本欄姓名、地址不敷填寫時，請另紙聯記）

格\行	1	2	3	4	5	6	7	8	9	10	11	12	13	14	15	16	17	18	19	20
一	敬	啟	者	：																
二	本	公	司	○	○	發	電	機	組	於	11	月	18	日	10	：	08		分	
三	發	生	主	開	關	低	壓	側	電	震	跳	機	，	經	查	係	為		貴	府 所
四	發	包	跨	橋	基	礎	打	鋼	板	樁	工	程	（	16M		深	）	，	破	壞 本
五	公	司	為	前	開	風	力	發	電	供	電	拖	作	之	地	底	（	7M	深	） 5
六	支	3	英	吋	管	路	、	電	纜	線	及	光	纖	線	拉	斷	損	壞	所	致 。
七		請		貴	府	盡	速	促	請	該	包	商	出	面	與	本	公	司	協	調
八	賠	償	事	宜	，	經	辦	人	員	09	×	×	-	×	×	×	-	×	×○	先
九	生	，	否	本	公	司	將	考	慮	提	起	訴	訟	，	以	維	權	益	。	
十																				

本存證信函共　　頁，正本　　份，存證費　　元， 　　　　　　　副本　　份，存證費　　元， 　　　　　　　附件　　張，存證費　　元， 　　　　　　　加具副本　　份，存證費　　元，合計　　元。			黏　　　貼
經　　　　郵局 　年　月　日證明正 　　　　　　　副 本內容完全相同　（郵戳）　經辦員　　印 　　　　　　　　　　　　　　　　　　主管			郵　票　或 郵　資　券 處
備 註	一、存證信函需送交郵局辦理證明手續後始有效，自交寄之日起由郵局保存 　　之副本，於三年期滿後銷燬之。 二、在　　頁　　行第　　格下塗改　印　字　（如有修改應填註本欄並蓋用 　　　　　　　　　　　　增刪　　　　寄件人印章，但塗改增刪） 　　　　　　　　　　　　　　　　　每頁至多不得逾二十字 三、每件一式三份，用不脫色筆或打字機複寫，或書寫後複印、影印，每格 　　限書一字，色澤明顯、字跡端正。		

（騎縫郵戳）　　（騎縫郵戳）

三、切結書與承諾書

1. 取回動產同意書

同意書

立書人前於　　　年　　　月　　　日向　貴公司以
□租賃
□附條件買賣
□分期付款
方式□承租　□承購　如附件動產在案，茲因立書人無力付款，爰同意將前開標的物全部返還予　貴公司，請逕派員或指定第三人至立書人營業所、廠房，為拆遷、搬運等取回標的之一切必要行為，立書人將予必要協助與配合。（□如附件動產抵押物亦請一併取回）

前開取回之各標的　貴公司得無需通知或公告，擇機逕以公開或不公開方式出售第三人，並就出售額抵償已到期或未到期價金，若有不足，立書人及連帶保證人當另為清償。

　　此致
○○公司

　　　　　　　　　　立　書　人：
　　　　　　　　　　法定代理人：

中　　華　　民　　國　　　年　　　月　　　日

*2.*取回提存物同意書

取回提存物同意書

　　茲同意　　　　　　股份有限公司取回為左開保全執行事件
供擔保之全部提存物

提存物 名稱種類數量	
提存書字號	年度　　存　　字第　　　號
保全程序裁定案號	年度　　全　　字第　　　號

　　此致
臺灣　　　　　　　地方法院提存所　公鑒

　　　　　　　立　書　人：
　　　　　　　法定代理人：

中　　華　　民　　國　　　年　　　月　　　日

3.取回退票確認書

確認書

　　本公司因財務周轉未能如意，致交付　貴公司如附表所示之票據遭拒絕往來退票，茲因本公司已獲主管機關同意疏困，需取回全部退票，俾便辦理使用票據，為此，特以本書確認如附表所示之票據雖蒙　貴公司同意返還，惟該票據所由之債務並未消滅，嗣如本公司票據恢復使用，本公司同意另簽發新票予　貴公司。

　　此致
○○租賃股份有限公司

　　　　　　　　　立　書　人：○○實業股份有限公司
　　　　　　　　　法定代理人：○○○

中　　華　　民　　國　　　　年　　　月　　　日

4. 使用帳戶存摺授權書

授權書

立授權書人：○○股份有限公司

緣本公司為清償契約債務，交付貴公司第三人簽發，指名本公司為受款人之畫平行線之禁止背書轉讓票據（詳附表，以下簡稱客票），茲為便利貴公司提兌並領取客票，本公司除於客票後為委託提示付款之背書外，特將＿＿＿＿＿＿＿＿＿＿＿帳號＿＿＿＿＿＿＿＿＿＿存摺及印章交貴公司，並以本書為授權證明，授權貴公司為提領帳戶內款項，得使用存摺及印章。

　　此致
○○租賃股份有限公司　臺照

附表

次序	客票發票人	票號	面額（新臺幣）
1	○○製作股份有限公司	BU05057××	參拾萬柒仟伍佰元整 NT$307,500
2	○○企業有限公司	QD04812××	壹拾萬捌佰元整 NT$100,800
3	○○企業股份有限公司	PB08992××	柒萬元整 NT$70,000
4	○○企業有限公司	TA0876275	貳拾捌萬肆仟柒佰肆拾伍元整 NT$284,745
5	○○音樂股份有限公司	JAA1217677	壹拾玖萬壹仟壹佰伍拾肆元整 NT$191,154

立授權書人

　　○○股份有限公司

　　法定代理人○○○

中　　華　　民　　國　　　　年　　　　月　　　　日

5.聯徵電腦查詢同意書

個人資料蒐集、電腦處理、利用同意書

立書人： 　　　　　[印]	出生年月日	年　　　月　　　日
年　　月　　日	身分證字號	

致

財團法人金融聯合徵信中心、中小企業保證基金、金融資訊服務中心、中國國際商銀行、臺灣證券集中保管股份有限公司、財政部國稅局、臺閩地區勞工保險局、中央健康保險局、○○租賃股份有限公司及

下欄所載一或多個「電腦處理個人資料保護法」（下簡稱個資法）

第三條第六項之公務機關及第七項第（一）（二）（三）款之非公務機關：

《本欄立書人授權○○賃股份有限公司依其需要逕行填載》

立書人對貴單位同意後開事項：

(一) 貴單位各得獨立代理立書人行使個資法第四條第一項、第二項規定之查詢權、請求閱覽權、請求製給複製本權，本項代理權之授與以本同意書為授權之證明，不另立書。

(二) 貴單位各得獨立對個資法第三條第一項所列舉及概括規定之立書人個資料檔案，為該法所稱之：蒐集、電腦處理、國際傳遞、蒐集之特定目的範圍之利用及特定目的外之利用（含內部使用或提供第三人）。

(三) 貴單位得應○○租賃股份有限公司或其指定之人之申請，以答詢、供閱覽、製給複本方式，提供貴單位所蒐集個資法第三條第一項所列舉及概括規定之關於立書人個人電腦資料檔案或書面個人資料予○○租賃股份有限公司，所需費用依貴單位收費標準由○○租賃股份有限公司支付。

(四) ○○租賃股份有限公司影印本同意書製成之繕本視同正本；為辦理前條詢問、閱覽、製給複本之申請，或證明本書同意及授權事項，得以影本交付受同意人、受申請人、受任人。

(五) 本同意書自立書日起至立書人與○○租賃股份有限公司之一切債權債務關係消滅後十五年並經○○租賃股份有限公司書面同意後始失其效力。

6.補齊程序切結書

切結書

立切結書人：○○企業股份有限公司（以下簡稱立書人）

　　立書人茲保證應於○○年○月○○日前補齊下開程序：1.擔保物應完成保險作業；2.連保人○○○應完成親簽對保作業；3.完成附條件買賣登記作業。且上開作業程序均應符合　貴公司內部規定。

　　立書人逾期未能補齊前開程序應視同違約，立書人同意提前乙次清償所有費用。

　　此致
○○租賃股份有限公司

　　　　　　　　　　立切結書人：○○企業股份有限公司
　　　　　　　　　　法定代理人：○○○

中　　華　　民　　國　　　　年　　　月　　　　日

7. 註銷禁背聲明書

註銷禁背聲明書

　　茲因本公司業務需要，擬請　貴公司將下開票據記載「禁止背書轉讓」之字樣註銷，如因註銷禁背而產生盜領、冒領、塗改、遺失或其它任何因此產生之票據糾紛，概由本公司負責與　貴公司無涉。

　　此致
○○工業股份有限公司

　　　　　　　立聲明書人：○○租賃股份有限公司
　　　　　　　負　責　人：○○○

中　　華　　民　　國　　　年　　　月　　　日

8. 租售設備移置保管同意書

設備移置保管同意書

立同意書人（甲） 即承買（租）人	
立同意書人（乙） 即新址保管人	

緣立同意書人（甲）於＿＿年＿＿月＿＿日以　□附條件買賣　□租賃
方式向貴公司承購（租）動產設備在案（契約編號：＿＿＿＿＿＿＿＿
＿＿＿＿＿＿＿＿＿＿＿＿），茲因所承購（承租或供擔保動產
抵押）之設備全部（或如附表部分），需自契約所載放置地址，
移置後示保管地址，為確保貴公司對設備權利，立書人等特立
書同意以下事項：

【一】立同意書人甲，如為違反買賣（租賃）契約，立書人等
　　　無條件同意返還下表設備，並授權貴公司得逕行雇匠開
　　　啟門鎖，進入保管址搬取並佔有附表設備；本同意及項
　　　授權不得撤銷，亦不因立書人甲乙間之債權債務糾葛而
　　　影響，乙方如拒不返還應按設備帳面總價賠償貴公司。

【二】立書人等同意未經貴公司書面同意，絕不將附表設備移離保管址，並願負保管責任，立書人如為法人，其法定代理人對同意事項願負連帶保證責任。

此致　　○○租賃股份有限公司　　臺照

動產設備明細表（如有誤漏悉依設備實況為準）

保管地址：

	規格型號	品名	設備序號	單位	備註

立書人（甲）：_____

負　責　人：_____

立書人（乙）：_____

住　　　址：_____

負　責　人：_____

中　華　民　國　　　年　　　月　　　日

SHEET/SL1004（設備移置時，由客戶及保管人共同立書，客戶與保管人同一人，則僅由客戶立書）

9. 租售動抵設備無權利瑕疵切結書

動產標的產權無瑕確認書

立書人於民國　　年　　月間

☐出售予貴公司之動產設備、物料、庫存資產或其他動產
　資產。

☐為擔保契約、票據債務履行所提供貴公司設定動產抵押
　之設備。

【動產品名及數量概要】

＿＿＿＿＿＿＿＿＿＿＿＿＿＿＿＿＿＿＿＿＿＿＿

＿＿＿＿＿＿＿＿＿＿＿＿＿＿（以下簡稱為動產）

立書人保證並確認以下事項：

(1)上開動產確實存在，其產權確屬立書人所有且有合法處
　分權利。

(2)無第三人對該動產之全部或部分有抵押權或主張其為附
　條件買賣標的物。

(3)無第三人對該動產主張其為資本租賃或營業性租賃之出
　租人。

(4)立書人取得該動產之對價已付清。

(5)立書人出售該動產予貴公司之意思表示並無真意保留或
　虛偽情事。

此致

〇〇租賃股份有限公司

　　　　　　　　　立切結書人：　　　　　　公司

　　　　　　　　　法定代理人：

中　　華　　民　　國　　年　　月　　日

10. 租車願繳稅罰單切結書

切結書

　　立書人因向　貴公司承租如後示車輛

　　謹切結同意該車在租賃期間所生之一切燃料費、牌照稅與違規罰款等所有費用均由立書人（即承租人）全額負擔，與　貴公司無涉，恐口無憑，特立此切結。

項次	廠牌	型式	引擎號碼	牌照號碼

此致
○○租賃股份有限公司

　　　　　　　　　立切結書人：　　　　　　公司
　　　　　　　　　法定代理人：

中　　華　　民　　國　　年　　月　　日

11. 修改合約協議書

協議書

　　立協議書人：AA 股份有限公司（以下簡稱甲方）

　　　　　　　　BB 企業有限公司（以下簡稱乙方）

　　茲因○○工程契約（95-××××）修改合約事宜，雙方達成協議如後：

一、甲乙雙方同意原合約○○及●●部分予以減項，由甲方另行發包施作。

二、甲乙雙方同意前開減項工程費用合計新臺幣○○萬元整（含稅），並由甲方直接自本案工程價款內減帳扣除。

三、甲方將前開減項工程另行議價後金額若較前開費用金額為高時，乙方同意甲方得自本案後續工程款中直接扣除差額部分。

　　　　　立協議書人：

　　　　　　　　　甲　　　　方：AA 股份有限公司

　　　　　　　　　法定代理人：○○○

　　　　　　　　　地　　　　址：臺北市○○路○號○樓

　　　　　　　　　乙　　　　方：BB 有限公司

　　　　　　　　　法定代理人：○○○

　　　　　　　　　地　　　　址：臺北市○○路○號○樓

中　　華　　民　　國　　　　年　　　月　　　　日

*12.*延遲點交切結書

延遲點交切結書

立書人：○○工業股份有限公司

　　緣立書人於民國　　　年　　　月　　　日與貴公司立有附條件買賣契約，茲因作業不及向主管機關辦理動產擔保交易登記，為此，特立本書同意於民國　　　年　　　月　　　日前配合　貴公司辦理登記完成，逾期未完成，貴公司即得視同立書人違反前揭附條件買賣契約。

　　此致
○○租賃股份有限公司　臺照

　　　　　　　　　　　立切結書人：○○工業股份有限公司
　　　　　　　　　　　法定代理人：○○○
　　　　　　　　　　　設　　　址：臺北市○○路○○號○樓

中　　華　　民　　國　　　年　　　月　　　日

13. 保密承諾書

保密承諾書

緣＿＿＿＿＿＿＿＿＿＿＿＿＿＿（以下簡稱「買方」）與○
○股份有限公司（以下簡稱「賣方」）擬就「賣方」讓售或處
分其現有之若干產權或投資（以下合稱「交易事項」）進行商
議，並自賣方取得相關文件、檔案資料（以下簡稱「保密資訊」），
茲就各該保密資訊之使用、聲明與承諾如下：

(一)「買方」對於自「賣方」所取得一切「保密資訊」之使用
　　 與保管，應與保管與使用其內部機密資料採取相同之注意
　　 與措施，且除本承諾書另有規定外，非經「賣方」事前之
　　 書面同意，不得洩漏或交付第三人其內容之全部或部分。

(二)「買方」承諾，其負責人、董事、經理人編制內外員工或
　　 顧問，對於「保密資訊」之使用或利用，應以職務上需要
　　 且以評估、研議或執行「交易事項」之必要而需提供予其
　　 投資伙伴、外聘專業顧問或融資銀行（以下簡稱「收受人」）
　　 參酌使用，「買方」應要求各該「保密資訊」之「收受人」
　　 亦嚴守保密義務。

(三) 本承諾書所稱之「保密資訊」不包括：（1）一般公眾所知
　　 悉的公開資訊；（2）「買方」自第三人所取得之資訊，且
　　 該資訊之提供者並未對於「賣方」負有保密義務，或其資

訊之提供並非構成對於「賣方」之違約行為；（3）在「賣方」提供「買方」前，「買方」已取得之資訊。

(四)「賣方」得以書面通知要求「買方」歸還其所提供之「保密資訊」，「買方」於接獲該書面通知後，應立即將其所取得或持有之一切「保密資訊」送還「賣方」，或得經「賣方」書面或口頭同意後，將其所取得或持有之一切「保密資訊」全數銷毀。

(五)「買方」如因法律、命令、行政機關之通知或處分、檢察或司法機關之處分、裁定或命令而需公開或交付任何「保密資訊」時，應於公開或交付前盡速以書面通知「賣方」，俾便「賣方」採取相應措施。

謹致
○○股份有限公司

_____

職稱：

公司：

日期：

14. 撥款切結書

買賣價金撥（匯）付第三人切結書

立書人依附表《一》交易憑證售與　貴公司之動產，　貴公司應給付立書人之買賣價金，請　貴公司依附表《二》所載金額及帳號、戶名，逕匯付第三人，立書人絕不再向　貴公司收取。

附表《一》交易憑證記要

發票號碼					賣方:立書人	買方:中央租賃(股)					
含稅總價	*NTS*	仟	佰	拾	萬	仟	佰	拾	元整		
買賣標的	等詳發票所載										

附表《二》立書人指定價金匯付帳戶

行庫名稱										
帳號								戶名		
匯付金額	*NTS* *NT*	仟	佰	拾	萬	仟	佰	拾	元整	
備註										

以下部分買賣價金請匯付立書人

行庫名稱			
帳號		戶名	
匯付金額	NT$ 仟 佰 拾 萬 仟 佰 拾 元整 NT		
備註			

　　此致

○○租賃股份有限公司　臺照

　　　　　　　　　立　書　人：＿＿＿＿＿＿＿＿＿＿

　　　　　　　　　法定代理人：＿＿＿＿＿＿＿＿＿＿

中　　華　　民　　國　　年　　月　　日

15. 補發車牌同意書

同意書

　　本公司與○○股份有限公司配合往來，車輛附條件買賣乙案並於　貴處辦妥設定登記（北市監三字第　2085A1××××號），由於其中乙輛標的車輛遺失鐵牌乙面（車牌號碼：○○-×××，車身號碼：1FDLF47F6SEA4××××），本公司同意○○股份有限公司向　貴處申請鐵牌遺失乙面並補發車牌之要求。

　　此致
臺北市監理處

○○股份有限公司

中　　華　　民　　國　　　　年　　　　月　　　　日

16. 勞資爭議會委任書

委任書

　　立委任書人○○股份有限公司（統一編號：1402××××）因公務繁忙，不克出席貴協會所舉行予本公司前員工○○○間勞資爭議調處會議，特委任本公司員工○○○先生（身分證字號：Y12028××××）為代表出席，所為之會議決議對本公司有一切之效力。

　　此致
臺北縣勞資協調發展協會

委　任　人：○○股份有限公司
統一編號：1402××××

受　任　人：○○○
身分證字號：Y12028××××

中　　華　　民　　國　　　　年　　　　月　　　　日

17. 提前解約申請書

終止契約申請書

申請人	○○公司					
申請人與　貴公司間下開契約						
請准於申請人支付結清款項後，提前於民國　年　月　日終止。						

終止契約概要	契約名稱	租賃契約（資本租賃）				
	契約編號	*CID660×××*				
	訂約日期	*90.0.0*				
	備註					

	項次	項目	金額	稅額	小計	說明
結清款	1.	租金本金				
	2.	租金利息				
	3.	違約金				
	總計					

　　此致

〇〇股份有限公司

　　　　　　申請人：

　　　　　　　〇〇公司

　　　　　　　　法定代理人〇〇〇

　　　　　　　年　　　　月　　　　日

同意申請人於給付結清款項后終止契約

　　　　　　　　〇〇股份有限公司

　　　　　　年　　　　月　　　　日

（本申請書一式二份，一份交〇〇租賃，一份〇〇租賃同意用印後交申請人留存。）

18. 同意塗銷登記聲明書

聲明書

　　貴公司以附條件買賣向本公司購買 149 臺「○○機」（如附件一），並提供附件二之 SMT 等設備，設定動產抵押，作為履行契約及價金給付之擔保。茲特別聲明：

1. 如　貴公司給付前開附條件買賣分期付款價金達六期後，並無遲延給付之違約情事，且提出○○銀行同意予　貴公司策略性低利貸款証明，本公司同意，提供塗銷附件二之設備動產抵押設定登記文件予　貴公司。

2. 貴公司以書面提出申請(註明設備序號)，並經本公司書面同意後，　貴公司得出售前開附條件買賣標的「○○機」，惟出售數量(臺)，不得逾已償還價金與單價計算後之數量(臺)。

　　此致
○○股份有限公司

　　　　　　　　　聲　明　人：○○股份有限公司
　　　　　　　　　法定代理人：○○○

中　　華　　民　　國　　　　年　　　月　　　日

*19.*和解書

和解書

立和解書人：○○○女士（以下簡稱甲方）
○○股份有限公司（以下簡稱乙方）

　　甲方茲聲明確係有○○○先生所有遺屬之合法授權，有簽立本和解書之一切權限。如有不實，願負法律責任。
　　甲、乙雙方針對○○○先生於97年11月15日因路基塌陷導致車輛撞擊傷亡乙事，雙方達成和解條件如下：
一、乙方願支付甲方新臺幣○萬元慰問金，甲方針對○○○先生意外死亡乙事拋棄對乙方一切民、刑事案件請求之權利。
二、前開慰問金業於簽立本和解書時，交付甲方收訖無誤。
三、本和解書一式二份，甲、乙雙方各執一份。

　　　　　　　　立和解書人：○○○女士
　　　　　　　　身分證字號：
　　　　　　　　地　　　址：
　　　　　　　　立和解書人：○○股份有限公司
　　　　　　　　代　理　人：

中　　華　　民　　國　　　　年　　　　月　　　　日

20. 不續行追索承諾書

承諾書

　　茲因○○有限公司承攬××股份有限公司之○○分案機電
工程××設備工程，雙方本已議價完成，但因故未簽立正式合
約，為督促○○有限公司盡速完成履約，××公司遂向○○地
方法院聲請核發支付命令在案。

　　現××公司承諾如○○有限公司於簽立本書之日起五工作
天內完成一切簽約及繳交履保程序者，××公司保證不再針對
前開糾葛續行追索。

　　此致
○○有限公司

　　　　　　　　　　立　書　人：○○股份有限公司
　　　　　　　　　　法定代理人：○○○
　　　　　　　　　　地　　　址：○○市○○路○號○樓

中　華　民　國　　　年　　　月　　　日

*21.*工程合約切結書

切結書

立書人：　　　　　　　　股份有限公司（以下簡稱立書人）

緣立書人與　貴公司簽立○○工程承攬契約（契約編號：
＿＿＿＿＿＿），立書人現切結下開事項：

一、前開工程報酬金額悉依合約規定，不得有任何追加款情形
　　出現。

二、立書人知悉前開工程合約之報酬請求權依民法第 294 條第
　　1 條第 3 款規定係為不得讓與第三人，日後若有其他下包或
　　第三人出面宣稱或主張權利時，概與　貴公司無涉。

　　恐口無憑，特立此書為證

　　此致
○○股份有限公司

　　　　　　　　　　　立　書　人：　　　　股份有限公司
　　　　　　　　　　　負　責　人：
　　　　　　　　　　　地　　　址：

中　　華　　民　　國　　　年　　　月　　　日

四、保險相關文書

1. 不投保附加險切結書

不投保附加險切結書

本公司於民國　　　年　　　月間以

□附條件買賣（契約編號：　　　　　　　　　　　）

□租賃　　　（契約編號：　　　　　　　　　　　）

　　方式向　貴公司購買（或承租）之動產，除同意以貴公司為被保險人及受益人投保火險外，因附加險出險率極低，故本公司不擬投保附加險，倘日後發生火險以外之其他任何損害，本公司同意立即將損害情事，通知　貴公司，並願自行負擔全部賠償之責及依買賣或租賃契約之約定，繼續給付租價金，絕無異議。

　　此致

○○股份有限公司

　　　　　　　　　　立　書　人：　　　　　　　公司

　　　　　　　　　　法定代理人：

中　　華　　民　　國　　　年　　　月　　　日

2. 設備不足額保險聲明書

租售設備不足額保險聲明書

　　緣本公司前於民國　　　年　　　月　　　日向　貴公司
承租　　　　　　　　　　　　　等機器設備（租約編
號：　　　　　　　　　　　　　），依租約之規定本公
司應投保火險，保險金額係租賃標的物之價值，茲因保險公司
僅願承保標的物價值之　　　成，本公司茲承諾若標的物於
租賃期間中發生保險事故，而理賠之金額仍不足抵償未到期應
付之租金者，本公司立即付訖，恐口無憑，特立此書為證。

　　此致
○○股份有限公司　臺　照

　　　　　　　立　書　人：

　　　　　　　法定代理人：

中　　華　　民　　國　　　年　　　月　　　日

3.動產抵押免投保切結書

動產抵押免投保切結書

緣本公司於民國　　　年　　　月　　　日向　貴公司承租機器設備（編號：　　　　　　　　　　　　　）為擔保租賃期間中租金債務之履行，本公司提供如附表所示之機器設備設定動產抵押權予　貴公司，茲因動產抵押物不投保，苟租賃期間中有任何事故發生，致標的物毀損、滅失者，本公司應另行提供帳上價值相等之機器設備設定動產抵押予　貴公司，否則視為違約，　貴公司得逕行行使租約賦予權利，恐口無憑特立此書為憑。

　此致
○○股份有限公司

　　　　　　　　立　書　人：
　　　　　　　　法定代理人：

中　　華　　民　　國　　　年　　　月　　　日

4. 理賠金撥付同意書

同意書

立書人：○○股份有限公司

　　本公司同意就　貴公司承保○○股份有限公司所有「○○輪」出險之理賠保險金，按以下方式撥付：

　　1. 新臺幣肆百萬元給付予○○股份有限公司。

　　2. 餘保險理賠金，請付○○股份有限公司或其指定之人。

　　以上同意事項，除本公司另有書面變更外，敬請惠辦是荷。

　　此致
○○產險股份有限公司

　　　　　　　　　　立　書　人：○○股份有限公司
　　　　　　　　　　法定代理人：○○○
　　　　　　　　　　地　　　址：臺北市○○路○號○樓

中　華　民　國　　年　　月　　日

5. 保險給付匯款申請書

保險給付匯款申請書

本公司應領之保險給付請惠予撥匯至下列行庫存款戶為荷。

此致

○○產物保險股份有限公司（水險部）

被保險人（受益人）簽章

年　　　月　　　日

銀　　　行：交通銀行儲蓄部

存款戶名：○○股份有限公司

統一編號：0472××××

帳　　　號：106-18-014×××-×

住　　　址：臺北市○○路○號○樓

電　　　話：(02)2711××××

保險給付計：新臺幣○○萬元整。

6.終止保險存函

郵局存證信函用紙

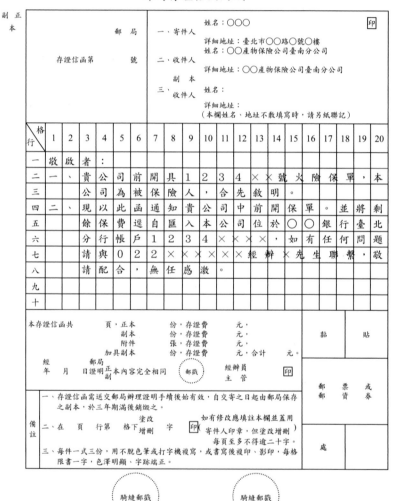

副正 本本	郵　局 存證信函第　　　號	一、寄件人 姓名：○○○ 　　　　　 詳細地址：臺北市○○路○號○樓 二、收件人 姓名：○○產物保險公司臺南分公司 　　　 副　本 詳細地址：○○產物保險公司臺南分公司 三、收件人 姓名： 　　　　　 詳細地址： 　　　　　（本欄姓名、地址不敷填寫時，請另紙聯記） 印

格 行	1	2	3	4	5	6	7	8	9	10	11	12	13	14	15	16	17	18	19	20
一	敬	啟	者	：																
二	一	、	貴	公	司	前	開	具	1	2	3	4	×	×	號	火	險	保	單	，本
三			公	司	為	被	保	險	人	，	合	先	敘	明	。					
四	二	、	現	以	此	函	通	知	貴	公	司	中	前	開	保	單	。	並	將	剩
五			餘	保	費	逕	自	匯	入	本	公	司	位	於	○	○	銀	行	臺	北
六			分	行	帳	戶	1	2	3	4	×	×	×	，	如	有	任	何	問	題
七			請	與	0	2	2	×	×	×	×	×	×	經	辦	×	先	生	聯	繫，敬
八			請	配	合	，	無	任	感	激	。									
九																				
十																				

本存證信函共　　頁，正本　　份，存證費　　元， 　　　　　　　　　副本　　份，存證費　　元， 　　　　　　　　　附件　　張，存證費　　元， 　　　　　　　　　加具副本　　份，存證費　　元，合計　　元。 　　經　　　郵局 　　年　月　日證明正本內容完全相同 郵戳 經辦員 　　　　　　　　　　　　　　　　　　 副 主管 印	黏　　貼 郵　票　或 郵　資　券 處

備 註	一、存證信函需送交郵局辦理證明手續後始有效，自交寄之日起由郵局保存 　　之副本，於三年期滿後銷燬之。 二、在　頁　行第　格下 塗改 　　　　　　　　　　　　增刪　字 印（寄件人印章，但塗改增刪） 　　　　　　　　　　　　　　　　　 每頁至多不得逾二十字 　　如有修改應填註本欄並蓋用 三、每件一式三份，用不脫色筆或打字機複寫，或書寫後複印、影印，每格 　　限書一字，色澤明顯、字跡端正。

騎縫郵戳　　　　　　　騎縫郵戳

五、保證人相關文書

1. 更換連保人申請書

更換連保人申請書

　　茲立書人〇〇股份有限公司前於 9×.××.××與〇〇租賃股份有限公司（下簡稱〇〇公司）簽立附條件買賣契約書，今立書人因更換負責人故，欲向〇〇公司申請更換連保人恐口無憑特立此申請書

　　謹致
〇〇租賃股份有限公司

　　　　　　　　立　書　人：〇〇股份有限公司
　　　　　　　　法定代理人：〇〇〇
　　　　　　　　營業所在地：〇〇縣〇〇鎮〇〇路〇號

中　　　華　　　民　　　國　　　年　　　月　　　日

2.保證人延期簽名切結書

保證人延期簽名切結書

立書人：＿＿＿＿＿＿＿＿＿＿＿＿＿＿＿＿＿＿公司

緣立書人於民國＿＿＿年＿＿＿月＿＿＿日與　貴公司訂定：
□租賃契約。　□附條件買賣契約。　□分期付款契約。(打
「✓」)

茲因立書人之連帶保證人＿＿＿＿＿＿＿＿＿(身分證字
號：　　　　　　　　　　)不在國內，無法於
契約及保證本票上親自簽署用印，為此，立書人保證於民國
＿＿＿＿年＿＿＿＿月＿＿＿＿日前攜同該保證人，親赴　貴
公司補行簽署用印，並同意出具下開票據乙紙，於前開期限內
未使保證人簽署用印時，無條件由　貴公司逕行提示下開票
據，並視同違反首揭契約。

發票人	付款行庫	帳號		
票號	到期日	面額		
	年　　月　　日			

此致

○○租賃股份有限公司　臺照

　　　　　　　　　立切結書人：　　　　　　　　公司

　　　　　　　　　法定代理人：

　　　　　　　　　設　　　址：

中　　華　　民　　國　　年　　月　　日

3. 共同發票人董監事會議紀錄

_____公司

（　　　　）年度第（　　　　　）次董（監）事會決議記錄

一、時間	中華民國　　年　　月　　日　　午　　時				
二、地點	本公司　　　　　　　　　室				
三、出席人員					
職稱	姓名	職稱	姓名	職稱	姓名
董事		董事		監事	
董事		董事		監事	
董事		董事		監事	
董事		董事		監事	
四、主席					
五、報告事項	（略）				
六、討論事項	緣　　　　　　　　　　公司（下簡稱該公司）擬向○○租賃股份有限公司承租機器設備或買受設備或原物料，該公司請求本公司於新臺幣　仟　佰　拾　萬　仟　佰　拾元整之範圍內，擔任本票共同發票人或背書人（但不擔任契約保證人），提請公決。				
七、決議	照案通過。				

出席人員簽章：

紀錄：　　　　　　　　主席：　　　　　　　（簽章）

4. 返還擔保品同意書

同意書

　　立書人等為○○有限公司與○○有限公司對　貴公司所負債
務之連帶保證人，茲同意　貴公司將擔保物退還擔保物提供人。

　　此致
○○租賃股份有限公司

債　務　人：○○有限公司

法定代理人：○○○

住　　　址：臺北市○○街○號○樓

債　務　人：○○有限公司

法定代理人：○○○

住　　　址：臺北市○○街○號○樓

立　書　人：○○○

住　　　址：臺北市○○街○號○樓

立　書　人：○○○

住　　　址：臺北市○○街○號○樓

立　書　人：○○○

住　　　址：臺北市○○街○號○樓

中　　　華　　　民　　　國　　　　年　　　　月　　　　日

5.保人同意展延書

同意書

　　立書人等為　　　　　　　　　股份有限公司對　貴公司所負債務之連帶保證人，茲同意　貴公司展延　　　　　　　股份有限公司付款期間。

　　此致
○○租賃股份有限公司

債　務　人：　　　　　　股份有限公司
法定代理人：
住　　　址：
立　書　人：
法定代理人：
住　　　址：
立　書　人：
法定代理人：
住　　　址：
立　書　人：
住　　　址：

中　　華　　民　　國　　　年　　　月　　　日

6.變更展延申請書

延展（變更）給付申請書

| 申請人： | ○○○、○○○、○○○ | （下簡稱保證人） |
| | ○○股份有限公司
法定代理人：○○○ | （下簡稱被保證人） |

保證人等為被保證人對○○股份有限公司（下簡稱貴公司）之契約債務（租賃契約、附條件買賣契約、分期付款契約等其他一個或多個契約）之履約連帶保證人，茲以被保證人因周轉未能如意，共同向　貴公司申請延展（變更）給付方式，並同意如下事項：

一、保證人同意於下列情況，仍願續擔任被保證人對　貴公司所負債務之連帶保證人，並就被保證人所負之債，拋棄先訴抗辯權負連帶履行責任：

　(一) 貴公司同意延展（或變更）被保證人債務履行期或方式，如　貴公司嗣更為一次或數次之展延或變更時亦同。

　　本項同意延展或變更，未經保證人等同意或有反對意思。

　(二) 貴公司免除任一保證人之保證責任或拋棄一部或全部擔保物權時。

二、保證人及被保證人同意拋棄對　貴公司債權（含契約及票據）之時效抗辯。

三、貴公司現在及嗣後對保證人及被保證人，因保全債權辦理假扣押或假處分所提存法院之擔保物，保證人及被保證人同意放棄損害賠償請求權，配合提供文件，以利貴公司領回提存物

四、貴公司如同意延展（或變更）被保證人債務履行期，嗣被保證人未如約履行，或有約載無法履行之虞、或他債權人對保證人及被保證人更有強制行時，貴公司得請求一次清償全部債務。

五、貴公司對保證人及被保證人現有之法院判決或裁定或其他執行名義，不因貴公司延展（或變更）被保證人債務履行而影響效力，貴公司嗣仍得為滿足債權據以行使。保證人及被保證人簽發或背書之票據如未退還，應作為履行債務之擔保。

此致
○○股份有限公司

申請人

○○股份有限公司　　　（客戶全銜）

法定代理人：○○○　　（負責人姓名）

○○○　　　　　　　　（保證人姓名）

141

           ○○○   （保證人

                                   姓名）

           ○○○   （保證人

                                   姓名）

中　　華　　民　　國　　年　　月　　日

7. 保證人協議書

和解書

立書人：○○股份有限公司（以下簡稱甲方）
　　　　AAA、BBB（以下簡稱乙方）

　　甲乙雙方為臺南地方法院86南院慶執字第××××號債權憑證及 85 年 9 月所簽立之分期付款附條件買賣契約所生之保證債權債務關係達成和解，條件如下：

一、乙方同意自民國 89 年 9 月起至 AAA 依法退休日止，按月給付甲方新臺幣 7500 元正（由乙方匯入甲方泛亞銀行臺北分行帳戶 003-001-×××××-5）。

二、雙方簽立本和解書當日應撤回 89 年度訴字第○○○號及 89 年度重訴字第○○號等一切訴訟，甲方亦不得再對乙方申請強制執行（其他保證人及主債務人不在此限）。

三、乙方同意甲方逕自領取臺北地院 88 年民執字第○○○號執行案件對 BBB 名下臺北市南港區○○○路○○號執行分配所得，甲方同意撤回同案對 BBB 名下光復北路房屋部分查封。

四、甲方自任何第三人完全受償或甲方違約時，乙方即無須再對甲方為任何（含第一條所定）給付，甲方亦不得再對乙方行使任何權利。

五、乙方如違反第一條所定給付義務時，甲方即不受本和解書
　　限制逕依臺南地方法院 86 南院慶執字第 XXXXX 號債權憑
　　證行使權利請求一次付清全部債務，但已給付金額仍應從
　　債權額中扣除。

六、本和解書一式二份，雙方各執乙份為憑。

立　書　人：AAA

身分證字號：A12345678X

地　　　址：臺北市松山區○○路○○號

立　書　人：BBB

身分證字號：A98765432X

地　　　址：臺北市松山區○○路○○號

立　書　人：○○股份有限公司

負　責　人：○○○

地　　　址：臺北市○○路○號

中　　華　　民　　國　　　年　　　月　　　日

六、擔保品相關文書

1. 拋棄留置權同意書

拋棄留置權同意書

（民國　　　年　　　月　　　日）

立書人（即廠房登記所有人）	（印）
見證人（請○○租賃客戶簽章）	（印）
廠房門牌	
動產設備品名數量	＿＿＿＿＿＿＿＿＿＿＿＿＿＿＿＿等（品名） 共計＿＿＿＿＿＿＿＿＿＿＿＿項（數量） （如有誤漏以契約記載為準）

貴公司依民國＿＿＿年＿＿＿月間與房廠承租人所訂定之：

　　□附條件買賣契約

　　□動產擔保交易（動產抵押）契約

　　□租賃契約

　　（如有誤漏以契約記載為準）

　　該契約標的動產設備置於立書人所有如前開廠房門牌所示建物內（含同基地增建）。

　　茲以本書確認上開設備（含嗣後標的變更或另約之設備）權屬　貴公司，立書人嗣如與廠房承租人（即貴公司契約相對人）有任何糾葛，決絕不對　貴公司權屬之前揭契約所載動產設備行使留置權，或主張任何權利，如　貴公司依法或契約行使取回該動產設備權，立書人當予配合。

　　此致

○○股份有限公司　臺照

2. 抵押房地無租賃關係確認書

抵押不動產無租賃（借）關係確認書

立確認書人	（即不動產登記名義人）
立書人為本人或第三人對　貴公司債務之清償，提供後示不動產設定抵押權予　貴公司，為確保擔保品之擔保價值且無權利糾葛，立書人茲以本書確認，後示不動產辦理抵押設定登記完竣前，絕無出租或出借或第三人佔有情事；抵押權登記未塗銷前，立書人如需出租或出借後示不動產，應經　貴公司書面同意，並於租賃或借用契約載明：「承租（借用）人（借用）契約，拋棄後示不動產之承租（借用）權；並於接獲　抵押權人通知日起三十日內（如未接獲通知則於法院查封所租借不動產次日起十五日內），無條件騰空遷出租賃（借用）標的」。該租借契約並應影印乙份交　貴公司存查。　　此致　　○○股份有限公司　臺照	
不動產明細表（如有誤漏，悉依抵押權狀為準）	
門牌	
門牌	
門牌	
門牌	

土地標示	市鎮鄉	段	小段	地號
土地標示	市鎮鄉	段	小段	地號
土地標示	市鎮鄉	段	小段	地號
土地標示	市鎮鄉	段	小段	地號
建物標示	市鎮鄉	段	小段	地號
建物標示	市鎮鄉	段	小段	地號
建物標示	市鎮鄉	段	小段	地號
建物標示	市鎮鄉	段	小段	地號

立書人：　　　　　　　　　　（請不動產登記名義人簽章）

負責人：

見證人：

負責人：　　　　　　　　　　（請○○租賃公司客戶簽章）

中　　華　　民　　國　　　　年　　　月　　　　日

（說明：抵押不動產如無租借關係，由不動產登記所有權人立書）

3.抵押權設定契約書其他約定事項

抵押權設定契約書其他約定事項

立抵押權設定契約書人＿＿＿＿＿＿＿＿＿（以下簡稱立契約書人）茲為擔保自己或主債務人＿＿＿＿＿＿＿對中央租賃股份有限公司（以下簡稱貴公司）在新臺幣＿＿＿＿＿＿＿＿範圍內，就現在及將來所成立之契約債務或票據債務或保證債務（另立買賣契約或（及）租賃契約或（及）本票或（及）約定書或（及）委任保證契約等）及其利息、遲延利息、違約金、實行抵押權費用以及因債務不履行而發生之全部損害賠償之清償，特由自己或擔保品提供人提供後開擔保品願設定第＿＿＿＿順位抵押權抵押與　貴公司，並同意遵守下列各條款：

一、貴公司對於本契約書所包括之各個債務依各個租賃契約或（及）本票或（及）約定書或（及）委任保證契約所定清償日期為清償日，立契約書人及保證人均無異議。

二、利息按年息 20%計算、遲延利息按月息 2%計算、違約金按月息 2%計算，其給付方法願照貴公司之規定。

三、立契約書人及擔保品提供人聲明所提供之擔保物完全為立契約書人或擔保品提供人合法所有並無任何他人權利或設定任何負擔，如日後發生糾葛致使貴公司受有損害時立契約書人擔保品提供人均願負責完全賠償。

四、擔保品之現狀如因不可歸責於立契約書人或擔保品提供人
　　之事由發生變動時，立契約書人及擔保品提供人應即刻通
　　知貴公司，如擬出讓擔保品或擬設定影響貴公司抵押權之
　　權利或擬變更擔保品之現狀時均應事前徵得貴公司書面同
　　意，擔保品之稅捐修理等一切費用均由立契約書人或擔保
　　品提供人負擔照付。

五、擔保品應由立契約書人按照市價及不得少於債務金額用貴
　　公司名義（或以貴公司為受益人）向保險公司投保火險，
　　貴公司認為必要時並得通知立契約書人加保附加險，立契
　　約書人絕無異議，一切費用概由立契約書人負擔。擔保品
　　如遇遭受損失無論保險公司任何理由拒絕或延宕賠款或賠
　　款不足時立契約書人仍當負責立即清償全部債務、利息、
　　遲延利息、違約金及各項費用或另徵提擔保品絕不藉口意
　　外損失圖卸責任，在未經領受保險金以前貴公司認為須另
　　行提供相當擔保物時立契約書人亦願照辦。

六、對於土地及房屋之抵押權包括土地之水利權與建築於該地
　　上之田寮、花園、樹木及附屬該房屋及全部設備並水道瓦
　　斯電燈等一切物件。又與本抵押不動產附連之建築亦均包
　　括在本契約書抵押權之範圍以內。

七、立契約書人及擔保品提供人同意貴公司有權將本擔保品全
　　部或一部隨同抵押債權讓與或出質給第三人。

八、立契約書人或擔保品提供人對於擔保品之處分以特別之授
　　權委任貴公司為全權代理人，並即以本契約書為此項特別
　　授權之授權書在債務（包括利息、遲延利息）、違約金、

各項費用及損害賠償未全部清償以前立契約書人或擔保品提供人決不撤銷委任。如到期不能清償債務貴公司得依據前項特別授權處分擔保品將其所得款項除償還債務(包括利息、遲延利息)外並清償違約金、其他費用及損害賠償等，立契約書人及擔保品提供人絕無異議，如有不足當由立契約書人負責補償。

九、如因本契約而致涉訟時，立契約書人及擔保品提供人願拋棄關於法院管轄之抗辯權，即同意貴公司以臺灣臺北地方法院或擔保品所在地法院為第一審管轄法院。

此致
○○股份有限公司

立抵押權設定契約書人：

負　　　　責　　　　人：

住　　　　　　　　　址：

擔　保　物　提　供　人：

負　　　　責　　　　人：

住　　　　　　　　　址：

中　　　華　　　民　　　國　　　年　　　月　　　日

*4.*保人質押股票約定書

約定書

立書人：	○○股份有限公司	（即質權人以下簡稱甲方）
		（即質物提供人以下合簡稱乙方）
	××有限公司	（即債務人以下簡稱丙方）

　　緣乙丙方等為擔保丙方對甲方所負債務之清償，提供股票及定存單（品名、數量以實際質押物為準，如甲方同意丙方更換質物，則含該更換後質物），設定質權予甲方，雙方特約定如下：

(一) 甲方同意乙丙方按以下規定退還質押股票，

　　A.甲方同意分三次退還質押股票：

　　　　第一次：於丙方給付與甲方之附條件買賣契約所約定第七期價金後。

　　　　第二次：於丙方給付與甲方之附條件買賣契約所約定第十三期價金後。

　　　　第三次：於丙方給付與甲方之附條件買賣契約所約定第十九期價金後。

　　B.前項每次退還質押股票數量為總價值三分之一，退還之股票種類依甲丙方另議，但不足一千股之零數不予退還。

　　C.質押股票價值雙方同意以設定質權前一日，證券交易集中市場收盤價為準。

D.甲方同意丙方更換質物，惟更換之質物以經甲方同意之上市股票為限，其價值以更換時，證券交易集中市場收盤價為準。

(二) 甲方同意乙丙方按以下規定退還質押定期存單。

E.甲方同意分二次退還質押定期存單：

第一次：於丙方給付與甲方之附條件買賣契約所約定第二十五期價金後。

第二次：於丙方給付與甲方之附條件買賣契約所約定第三十一期價金後。

F.前項退還質押股票數量為每次新臺幣伍拾萬。

(三) 乙、丙任一方違反與甲方之附條件買賣契約或保證契約或不履行其他對甲方之債務時，甲方得行使質權不予退還。

乙方授權丙方，就甲方所退還之質物有代為受領之權。

(四)本約一式二份甲丙雙方各執一份為憑。

立書人

甲方：〇〇股份有限公司

法定代理人：〇〇〇

乙方：

丙方：××有限公司

法定代理人：〇〇〇

中　　華　　民　　國　　年　　月　　日

5. 客票副擔保同意書

客票副擔保同意書

立書人為擔保於民國_____年_____月間與貴公司所訂定之

□附條件買賣契約（契約編號： 　　　　　　）

□租賃契約（契約編號： 　　　　　　）

□分期付款買賣契約（契約編號： 　　　　　　）

及現在、將來立書人對貴公司之契約、票據債務之給付，同意提供立書人與第三人交易所取得之票據（下簡稱客票），交貴公司收執，做為履行給付義務擔保品，另上述客票均須符合下列條件：

1. 總金額不低於 NT$_____

2. 單張客票金額不逾 NT$_____（含）為上限，且客票之票期不逾_____個月。

3. 同一客戶之客票總額不逾 NT$_____（含）以上。（另經貴公司同意者不在此限）。

4. 所有客票需經立書人背書。（可以有抬頭但不得有「禁止背書轉讓」之字樣）。

5. 所有客票需由貴公司照會後，無任何信用瑕疵。（即不得有退票、退補、拒往等記錄）。

6. 所有客票皆為交易性客票。（立書人同意提供相關交易憑證如發票、交貨單、買賣契約等）予貴公司。

7. 所有客票在貴公司處，於未到期前，立書人不予換票抽回。

8. 所有客票在兌現入貴公司帳無誤之後，本公司再提供符合上述條件之其它未到期票據，換回此兌現現金（等額）。

9. 倘上述客票有無法如期兌現之情事，本公司即行補其它符合上述條件之客票，且該無法如期兌現之客票，爾後不予再提供。

恐口無憑，特立此書交貴公司收執。

　　此致

○○股份有限公司

　　　　　　　　　　立　書　人

　　　　　　　　　　法定代理人：

中　　　華　　　民　　　國　　　年　　　月　　　日

6. 處分球證同意書

同意書

立書人：○○事業股份有限公司（以下簡稱本公司）

　　本公司為擔保對××股份有限公司（下簡稱貴公司）附條件買賣契約（含現在及將來成立之契約）其價金給付義務之履行，同意提供本公司所經營之○○高爾夫俱樂部「團體會員證」壹張及「個人會員證」貳張（下合簡稱「違約抵償求證」）予　貴公司作為違反附條件買賣契約時，抵償約定給付使用。

　　立書人保證：（一）本公司違反前開附條件買賣契約之給付義務時，本公司應無條件將「違約抵償求證」相關行使高爾夫球會員所需之證件、文件（登記之會員名稱由貴公司指定）交付予貴公司，（二）「違約抵償求證」與其他會員證皆享有相同權利。

　　貴公司就「違約抵償求證」得逕自行處分，如必要時就處分相關一切事宜，視同　貴公司有代理本公司處理之權（此項授權非經　貴公司同意不得撤銷或撤回），處分價格本公司均無意見，並就扣除處分所生一切費用後之淨額，抵償本公司應給付　貴公司之遲延金、違約金、附條件買賣價金，如有不足，亦當給付所欠差額。

　　本同意書於本公司清償對　貴公司全部附條件買賣契約價金後自動失效。

此致

××股份有限公司　臺照

　　　　　　　　立委託書人：○○事業股份有限公司

　　　　　　　　負　責　人：○○

　　　　　　　　統 一 編 號：2295××××

　　　　　　　　地　　　　址：臺北市○○路○號○樓

中　　　華　　　民　　　國　　　年　　　月　　　日

7.拋棄不動產承租權同意書

拋棄承租（借用、使用）權同意書

立同意書人	（即不動產承租借用人）
立同意書人因租賃或借用或其他關係，對後示不動產（含增建部分及基地上未辦保存登記建物），有佔有使用權，茲同意於　貴公司或其他抵押權人意欲行使對租賃（借用）不動產之抵押權時，視同終止租賃、借用、使用契約，拋棄後示不動產之承租（借用、使用、佔有）權；並於接獲　貴公司通知日起三十日內（如未接獲通知，則於法院查封所租借不動產次日起十五日內），無條件騰空遷出租賃（借用）標的。　此致　○○租賃股份有限公司　臺照	

不動產明細表（如有誤漏，悉依抵押權狀準）				
門牌				
門牌				
門牌				
門牌				
土地標示	市鎮鄉	段	小段	地號
土地標示	市鎮鄉	段	小段	地號
土地標示	市鎮鄉	段	小段	地號

土地標示	市鎮鄉	段	小段	地號
建物標示	市鎮鄉	段	小段	地號
建物標示	市鎮鄉	段	小段	地號
建物標示	市鎮鄉	段	小段	地號
建物標示	市鎮鄉	段	小段	地號

　　立　書　人：　　　　　　　　（請不動產承租借用人簽章）

　　法定代理人：　　　　　　　　　　　　　（簽章）

　　地　　　址：

　　Tel：

　　見　證　人：　　　　　　　　（請不動產所有權人簽章）

中　　華　　民　　國　　　年　　　月　　　日

（說明：抵押不動產，如存有租借關係，由租借人立書，並由不動產登記所有權人見證）

8. 交付背書支票協議書

協議書

立書人：
　　　　〇〇股份有限公司（以下簡稱甲方）

　　　　××股份有限公司（以下簡稱乙方）

　　緣乙方為擔保契約債務之給付，背書交付××股份有限公司所簽發如附表所示之票據予甲方，甲方同意如附表所示票據如期兌現，則暫不提示乙方前所簽發交付甲方之支票。惟若，附表所示之票據若有一期退票，甲方得依原契約規定及所執有乙方之票據（即執行名義）一次請求清償全部債務。

　　　　　　　　立協議書人：

　　　　　　　　甲　　　方：〇〇股份有限公司

　　　　　　　　法定代理人：〇〇〇

　　　　　　　　乙　　　方：××股份有限公司

　　　　　　　　法定代理人：〇〇〇

中　　華　　民　　國　　　　年　　　月　　　　日

9.質權設定契約書

質權設定契約書

　　出質人　　　　　　　茲為擔保債務人　　　　　　　及（或）出質人對○○租賃股份有限公司（包含總公司及所屬分公司即質權人或簡稱為　貴公司）過去、現在及將來所負借款、票據、透支、保證、墊款、委任保證、以及其他一切債務（另立借據或（及）透支約據、或（及）票據、或（及）約定書或（及）委任保證契約等作為本約定書之附件，各該附件之約定其效力同於本約定書）之本金、利息、遲延利息、違約金及因上開債務不履行而發生之損害賠償以及其它一切費用之清償，特提供出質人所有質物出質與　貴公司設定權利質權，並願遵守下列各條款：

一、債務人及（或）出質人對於結欠　貴公司之債務，　貴公司得就各個債務分別約定清償日期、其利息、遲延利息、違約金、實行質權費用及損害賠償等之給付亦均就各個債務分別約定之，若未約定利息、遲延利息及違約金時，則按債務發生時，○○銀行牌告之基本放款利率計算之。

二、債務人及（或）出質人如有左列情形之一時立即喪失一切債債務之期限利益，所有未到期之債務視為全部到期：

　(一) 所提供質押之股票因市價跌落或因除權、除息致價格較　貴公司原核貸價格百分之二十，或所提供之公開

上市公司股票被主管機關停止或暫停在證券交易市場公開買賣或而債務人或出質人無法立即以現金清償或補足 貴公司認可之擔保時。

(二) 所提供設質之股票，如因發生公司減資或因其他事由需辦理股票換發手續，而出質人或債務人未能配合 貴公司理換發（領）時。

三、債務人及出質人確實聲明所提供之擔保物完全為出質人合法所有，他人並無任何權利，如日後發現暇疵或發生任何糾葛或 貴公司受有任何損害時，債務人及出質人均願負連帶賠償責任，並立即更換 貴公司同意之擔保品，質物產生之孳息（包括現金股利或股票股利、利息） 貴公司得逕行收取。 貴公司亦得認所收取之孳息寄託於 貴公司，用以備償債務人未清償之債務，其股票股利作為所負債務之繼續擔保，並願協同繼續辦理質權設定手續，但 貴公司並保無收取之義務。

四、債務人及出質人以特別之授權委任 貴公司為全權代理人，並即以本約定書為此項特別授權之授權書，在債務之本金利息（包括遲延利息）、違約金、各項費用、及損害賠償，於屆清償期未全部清償時， 貴公司得就質物於證券交易市場變賣，質物若為非公開上市證券， 貴公司得以任何方式變賣或處分，債務人及出質人絕不撤銷委任。

此致
○○股份有限公司

債　務　人：

負　責　人：

身分證字號：

住　　　址：

出　質　人：

負　責　人：

身分證字號：

住　　　址：

出　質　人：

負　責　人：

身分證字號：

住　　　址：

出　質　人：

負　責　人：

身分證字號：

住　　　址：

中　華　民　國　　　年　　　月　　　日

10. 更換擔保品切結書

同意書

　　立書人 AA 股份有限公司（以下簡稱立書人）前於○年○月○日與○○股份有限公司（以下簡稱○○公司）簽立附條件買賣契約，立書人原擬提供第三人名下立書人公司股票 2,750,000 股質押與○○公司作為履約擔保，現因立書人作業不及，擬將其中部分質押股票暫以 CC 股份有限公司（以下簡稱 CC 公司）股票計 1,500,000 股替代，立書人並立此書切結保證於○年○月○日前促第三人提供同股數之立書人公司股票設質予貴公司以將 CC 公司股票換回，否則即視同立書人違約，立書人並願賠付新臺幣壹佰萬元違約金（已開立票據交貴公司作為履行本同意書之擔保）。

　　此致
○○股份有限公司

立書人：○○股份有限公司

負責人：○○○○

地　址：臺北市○○路○號○樓

中　　華　　民　　國　　　　年　　　月　　　日

11. 塗銷不動產抵押清償證明書

債務清償證明書

　　查右開不動產抵押權所由之債務業已清償，原設定之抵押權應請塗銷，特給此證。

設定權利價值	新臺幣　　　　　　　　　　　　　元整。		
抵押權訂約日期	民國　　　年	月	日。
地政機關收件日期	民國　　　年	月	日。
地政機關收件號碼	字第　　　　　　　　　　　　號。		

　　　　　　　　立書人：○○股份有限公司

　　　　　　　　董事長：○○○

中　　華　　民　　國　　　　年　　　月　　　日

七、債權讓與代償相關文書

1. 債務承擔契約書

債務承擔契約書

○○股份有限公司（即債權人以下簡稱甲方）

立契約書人：＿＿＿＿＿＿＿＿（即債務人以下簡稱乙方）

＿＿＿＿＿＿＿＿＿＿＿＿（即承擔人以下簡稱丙方）

緣丙方願承擔乙方因後開契約對甲方所負之債務，甲方同意之，甲乙丙三方合意依以下規定辦理本件債務承擔事宜（選項於「□」內打勾）。

第一條：（承擔標的）

丙方願承擔乙方下開契約對甲方之履約義務

(一) 契約類別：□租賃　□附條件買賣　□分期付款

(二) 立約日期：民國＿＿＿＿年＿＿＿＿月間。

(三) 契約編號：＿＿＿＿＿＿＿＿＿＿＿＿。

(四) 標的概要：＿＿＿＿＿＿＿＿＿＿＿等
詳如契約所載。

(五) 乙方未付租（價）金總額：新臺幣＿＿＿＿（含稅）。

第二條：（承擔給付方示）

丙方承擔債務給付甲方方式為：

□悉依第一條契約內容所載。

□依附表所載分期給付。

□依以下規定辦理。

_____

_____

第三條：（生效日期）

甲乙丙三方合意本契約生效日及丙方承擔給付起始日為：

民國_____年_____月_____日

第四條：（承擔性質）

本契約所定債務承擔性質為併存的債務承擔，於甲方未完全受償前，乙方不因丙方之承擔而脫離債之關係或免除清償責任。

第五條：（發票開立）

丙方因本契約給付甲方之款項，統一發票約定由

□甲方負責開立予丙方

□乙方負責開立予丙方

第六條：（承擔保證）

丙方誠意承擔乙方債務，若有未按約定給付，或交付甲方之票據退票，甲方得向丙方請求一次付清全部承擔債務。

第七條：（合約分存）

　　本約一式三份，甲乙丙三方各執一份為憑，有關事宜三方合意以臺北地方法院為第一審管轄法院。

　　　　　　　　立契約書人

　　　　　　　　　　　　甲　　　　方：○○股份有限公司

　　　　　　　　　　　　法定代理人：○○○

　　　　　　　　　　　　乙　　　　方：　　　　　有限公司

　　　　　　　　　　　　法定代理人：

　　　　　　　　　　　　丙　　　　方：　　　　　有限公司

　　　　　　　　　　　　法定代理人：

中　　華　　民　　國　　　　年　　　月　　　　日

2.債權移轉同意書

債權移轉同意書

立書人：AA 股份有限公司

　　立書人同意將對 BB 股份有限公司租賃契約及其債權於新臺幣○○萬元範圍內移轉予 CC 股份有限公司，並將租約正本及租約保證人保證書正本交付貴公司。

　　此致
CC 股份有限公司

　　　　　　　　　　立　書　人：○○股份有限公司
　　　　　　　　　　法定代理人：○○○

中　　華　　民　　國　　　　年　　　　月　　　　日

3. 債權轉讓同意書

貨款債權轉讓同意書

　　茲立書人 AA 股份有限公司對 BB 股份有限公司（下簡稱 BB 公司）因附條件買賣契約負有債務新臺幣○○萬元正，今立書人特立此書同意如有退票記錄，願自 CC 關係企業受 BB 公司之書面通知日起將立書人與 CC 關係企業（公司名稱見附件一）所簽訂之合約書（如附件二）貨款債權，於新臺幣○○萬元正之範圍內無條件轉讓與 BB 公司；立書人並請 CC 關係企業總管理處採購部或其相關公司將前開貨款逕行給付予中 BB 股份有限公司（交通銀行儲蓄部 106-18-014×××-×），並請 BB 公司於立書人開立備償支票（明細如附件三）兌付後，再將前開貨款退交立書人。立書人保證絕不再將上開貨款讓與第三人並絕不以此事由對抗 CC 關係企業或 BB 公司。

　　恐口無憑特立此同意書

　　謹致

CC 關係企業

BB 股份有限公司

立　書　人：AA 股份有限公司
法定代理人：○○○
營業所在地：臺北縣○○市○○街○號

中　　華　　民　　國　　　年　　　月　　　日

*4.*第三人代償證明書

代償證明書

　　茲 AA 企業股份有限公司為擔保 BB 股份有限公司與 CC 股份有限公司（下簡稱本公司）簽立之附條件買賣契約，提供○○縣○○鄉○○段 A、B、C、D 四筆不動產設定二順位抵押權予本公司，惟 BB 股份有限公司自○○年○月起即未依約給付租金。

　　現財團法人○○擬向 AA 股份有限公司購買前開不動產，前開契約未清償債務（含遲延息、違約金在內）共計金額為新臺幣○○元，業於○○年○月○日經財團法人○○代償完畢無誤。

　　此致
財團法人○○

立　書　人：○○股份有限公司
法定代理人：○○○
住　　　址：臺北市○○路○號○樓

中　　華　　民　　國　　　　年　　　月　　　日

5.應收帳款受讓契約書

應收帳款受讓契約書

FATR4-2C.DOC

立契約書人	AA 股份有限公司	（即出賣人，下簡稱甲方）
	BB 股份有限公司	（即買受人，下簡稱乙方）
	CC 股份有限公司	
	DD 實業有限公司	（下簡合稱丙方）

茲為甲方向乙方申請辦理國內應收帳款受讓管理業務，經乙方同意買受甲方對丙方，基於提供勞務、出售商品或其他債之關係得向丙方請求於一定日期給付一定金錢之債權（詳如附件，下簡稱應收帳款），甲乙丙三方並合意如下條款：

第一條：（買賣價金及費用）

(一) 甲乙雙方同意本約如附件各筆應收帳款買賣總價金為新臺幣○○元整。

(二) 乙方應於受領丙方交付買賣標的之帳款後，將本約買賣價金給付甲方，但甲方經乙方同意，得請求提前支付部分買賣價金。

(三) 乙方應付甲方款項，得匯入甲方任一金融行庫社之帳戶，或後示帳戶作為給付方式：

銀行　　　分行帳號								

(四) 甲方同意給付乙方下列費用（營業稅另計由甲方負擔）：

財務咨詢顧問費	新臺幣○○萬元整（含稅）

第二條：（甲丙方義務）

(一) 甲丙方應擔保甲方對丙方應收帳款確為存在，非不得讓與、無第三人主張任何權利；甲丙方間之交易均屬合法且依法繳稅，丙方同意不得以對甲方之事由對抗乙方，拒不給付帳款。

(二) 除乙方書面同意，甲方應擔保債權讓與及讓與債權之清償期屆至時，丙方之支付能力。

(三) 除乙方書面同意，經讓與之應收帳款所由之交易契約（如清償期方式）甲方不得變更。

(四) 甲方應將其財務報表、已知悉之丙方資料及雙方交易表帳，提供乙方評估債信使用；對丙方營運、信用、財務、支付能力之負面資料或訊息，應本於誠信主動告知不得隱瞞。

(五) 本約有效期間，甲丙方間如另有以信用狀、預付價金或以現金方式交易，甲方應於交貨或提供勞務日起十日內，將該等交易日期、金額、標的及其相關事項告知乙方。

第三條：（乙方義務）

(一) 乙方不得將甲丙方間交易契約告知第三人，但乙方往來銀行或經甲方同意者不在此限。

(二) 乙方應甲方之請求，對受讓之應收帳款，應以傳真或信函提供甲方以下報表：

　　a) 乙方付款明細表：記錄乙方給付及提前給付受讓債權價金。

　　b) 應收帳款收取明細表：記錄應收帳款收取金額明細。

　　c) 應收帳款明細表：記錄未屆清償期及已屆清償期未清償之受讓帳款。

第四條：（應收帳款管理契約之解除）

乙方於給付買賣價金後三十日，認有必要時得任意，不經通知或催告，逕行解除或終止部分或全部應收帳款受讓管理契約，甲丙方絕無異議。

a) 本約解除或終止時，甲方已付乙方顧問費或其他費用，不得請求退還。

b) 本約解除或終止時，甲方應即退還乙方已付價金。

c) 前項退還價金方式另約約定。

第五條：（商業糾紛）

甲方因下列情事之一或接獲乙方之商業糾紛通知書時，應於七日內將與丙方協商結果，以書面告知乙方，如甲方未於七日期限內為書面告知義務，或協商結果不為乙方書面

同意，乙方得不經催告解除該筆應收帳款受讓管理契約，並請求甲方計付財務管理費並返還已受領價金，甲方如有遲延返還情事，並得按月息百分之二計算違約金。

(一) 本約應收帳款所由之甲丙方間買賣、勞務或其他債之契約，如任一方有給付不能、不為給付不完全給付、給付遲延、提前給付、債務不履行之主張或事實時；或一方為不成立、無效、撤銷、終止、解除之主張時。

(二) 甲方之給付，丙方拒絕一部或全部之受領時；或丙方直接給付帳款予甲方時。

第七條：（保證）

(一) 甲方保證人對本約甲方義務負任連帶履約責任，如保證人死亡或乙方認其資產不足，得請求甲方更換保證人；保證人願放棄先訴抗辯權，並同意如乙方予甲方分期或延期本約之給付時，仍得對其主張原約定之保證責任。

(二) 甲方及甲方之連帶保證人應共同簽發一定面額之本票乙紙交付乙方，作為甲方履行本約及甲方其他與乙方各契約之給付擔保，如甲方違約或未依約定給付時；乙方得提示請求付款，如無違約情事，乙方應於約滿並受領全部約定給付後原票無息退還甲方。

(三) 甲方同意簽發面額各為新臺幣○○萬二紙及新臺幣○○萬一紙之銀行擔當付款人本票交乙方收執作為履約擔保，乙方除得轉執予乙方融資銀行外不得移作他用。

(四) 甲方應提供之其他擔保品，雙方另約定。

第九條：（契約分存與合意管轄）

　　本約壹式貳份，甲乙雙方各執乙份為憑，如有涉訟，合意以臺灣臺北地方法院為第一審管轄法院。

　　立　約　人

　　甲　　　方：AA 股份有限公司

　　法定代理人：○○○

　　營　業　址：

　　甲方連帶保證人：　　　　　　　　　　身分證字號

　　戶　籍　址：

　　甲方連帶保證人：　　　　　　　　　　身分證字號

　　戶　籍　址：

　　甲方連帶保證人：　　　　　　　　　　身分證字號

　　戶　籍　址：

　　乙　　　方：BB 股份有限公司

　　法定代理人：○○○

　　營　業　址：臺北市○○路○號○樓

丙　　　方：CC 股份有限公司

法定代理人：○○○

營　業　址：臺南縣○○市○○街○號

統一編號：

丙　　　方：DD 有限公司

法定代理人：○○○

營　業　址：臺北市○○路○號○樓

統一編號：

中　　華　　民　　國　　　年　　　月　　　日

6. 債權買賣契約書

買賣契約書

　　茲因××資產管理顧問股份有限公司（以下簡稱××公司）
欲向○○股份有限公司（以下簡稱○○公司）購買下列債權：

一、標的物明細：○○公司對 A 遊樂事業股份有限公司及其連
　　帶保證人 B、C、D 所得主張之債權（包括所附隨之擔保物
　　權及相關權利）。

二、雙方約定價金為新臺幣○○萬元整，簽約當日以現金一次付清。

三、○○公司應配合前開債權讓與之相業作業，且雙方同意應
　　由××公司依民法規定通知原債務人。

四、前開會計作業悉依○○公司會計作業準則辦理。

五、因本約所產生之一切爭議及法律訴訟，雙方合意由臺灣臺
　　北地方法院管轄。

六、本約壹式貳份，雙方各執乙份為憑。

　　　　　　　立　書　人：××資產管理顧問股份有限公司
　　　　　　　法定代理人：×××
　　　　　　　地　　　址：臺南縣永康市××街×號
　　　　　　　立　書　人：○○股份有限公司
　　　　　　　法定代理人：○○○
　　　　　　　地　　　址：臺北市○○路○號

中　華　民　國　　　年　　　月　　　日

7. 還款證明書

清償證明

　　茲因×××女士，身分證統一編號 A123456789，前向○○商業銀行申辦現金卡，又上述債權業於 95 年 12 月間售予本公司，合先敘明。

　　現借款人業已於民國 96 年 1 月 5 日依協議償還結清債務，爰立具證明。

　　此致

××× 　君

　　　　　　　　　　立　書　人：○○股份有限公司
　　　　　　　　　　法定代理人：○○○

中　　華　　民　　國　　　年　　　月　　　日

8. 證明債權讓與書函

檔　　號：

保存年限：

　　　　　　○○股份有限公司　書函

聯絡地址：231 臺北縣○○市○○路 50 號 9 樓

承辦人及電話：○○○（02）8919-5239

受　文　者：○○○律師

發文日期：中華民國　　　年　　　月　　　日

發文字號：　　　　　字第　　　　　號

速　　別：

密等及解密條件：

附　　件：

主　　旨：請證明債權轉讓契約書之真實性，請　查照。

說　　明：

一、復　貴律師 96.10.25 得函字第 9610251 號函。

二、貴律師代理○○營造有限公司以前開函文檢附「債
權轉讓契約書」，向本公司請領○○建築有限公司
承攬○○工程之工程款。

三、但前開債權轉讓契約書究否為真實，雖經　貴律師
　　見證，但本公司殊難判別。為免本公司權益受損，
　　於尚未確認前開契約真實前，本公司恐難支付任何
　　款項，請諒察。

正本：○○○律師
副本：

～公司條戳～

9.撤回債權讓與函

○○股份有限公司　書函

聯絡地址：231 臺北縣○○市○○路○號○樓

承辦人及電話：○○○（02）8919-5×××

受　文　者：○○關係企業（總管理處）

發文日期：中華民國 97 年○月○日

發文字號：　　　　　字第　　　　　號

速　　　別：

密等及解密條件：

附　　　件：

主　　　旨：通知撤回本公司 9×.××.××對　貴關係企業之存
　　　　　　證信函。

說　　　明：

　　　一、本公司前於 9×.××.××以存證信函通知　貴關係企
　　　　　業，有關○○企業有限公司將其對○○關係企業之帳款
　　　　　債權讓與本公司乙案，茲因本公司與○○企業有限公司
　　　　　另有協議，為此，特函撤回該存證信函之意思表示。

　　　二、有關○○企業有限公司之應收帳款，除本公司復有
　　　　　其他意思表示，請　貴關係企業逕付○○企業有限
　　　　　公司，請查照。

正本：○○關係企業（總管理處）

副本：

～公司條戳～

10. 租賃契約移轉協議書

租賃契約移轉協議書
1999 年　　　　月　　　　日

	AA 公司	（以下簡稱甲方）
立契約書人：	BB 公司	（以下簡稱乙方）
	CC 公司	（以下簡稱丙方）

　　緣乙方前於 1998 年　　　　月間簽訂租賃契約（影本如附件以下簡稱設備租約），向甲方承租設備一批，茲以丙方有意承接該設備租約，並代乙方履行設備租約租金及設備租約所訂義務，為此甲乙丙方合意條款如下：

一、丙方願自 1999 年　　　　月　　　　日起承接設備租約（含相關或延生之同意書、約定書或文件）有關乙方之全部全權利及義務，乙方及甲方均同意之。

二、丙方承接租賃契約後，基於該租約之租賃設備使用權移歸丙方，惟實際使用方式由乙方及丙方自行約定，與甲方無設涉，丙方亦不得以該等事由或本約無效等事由，拒不履行設備租約之義務。

三、丙方承接租賃契約後，乙方及乙方保證人，就原設備租約及丙方履行設備租約之義務，願負連帶履行責任，乙方及乙方保證人，原提供甲方之擔保物類（如保證票據等）續留置甲方，作為履約擔保。

四、原設備租約之約定條款不變動。

五、本協議書一式三份，甲乙丙三方各執一份為憑。有關本約
　　之準據法及管轄法院，均依設備租約之規定，本約以英文
　　及中文各簽署一份，如有文義不一，以英文為準。

　　　　　　　立契約書人：
　　　　　　　　　甲　　　方：AA 公司
　　　　　　　　　法定代理人：
　　　　　　　　　乙　　　方：BB 公司
　　　　　　　　　法定代理人：
　　　　　　　　　丙　　　方：CC 公司
　　　　　　　　　法定代理人：

　　　　　　乙方及丙方
　　　　　　連帶保證人　：
　　　　　　乙方及丙方
　　　　　　連帶保證人　：
　　　　　　乙方及丙方
　　　　　　連帶保證人　：

11. 抵押權移轉同意書

抵押權移轉同意書

立書人：○○股份有限公司

　　茲因 AA 事業（股）公司及○○○先生於民國××年間為
擔保 AA 事業（股）公司對本公司（○○（股）公司）租約債
務之清償，提供臺南縣○○鄉○○段×地號，×建號、臺南市
○○區○○段×地號，×建號、臺北市○○段二小段×地號，
×建號之不動產共陸筆設定抵押權予本公司，今因本公司業將
債權於新臺幣○○萬元之範圍內轉讓予 BB 事業（股）公司，
故特立此書同意將上開債權從屬權利之不動產抵押權移轉予
BB 事業（股）公司，並檢附他項權利證明書、抵押權設定契約
書等相關文件予 BB 事業（股）公司，如有其他就移轉抵押權
應辦事項，本公司並願於法律規定及能力範圍內配合。

　　此致
BB 股份有限公司

立　書　人：○○股份有限公司
法定代理人：○○○

中　　華　　民　　國　　　年　　　月　　　日

*12.*代償文件收據

收據

立據人：BB 股份有限公司

　　立據人茲收到○○股份有限公司為移轉其對 AA 股份有限公司之租約債權及其從屬權利所交付之如下文件無誤（影本詳如附件）：

1. ○○（股）公司變更登記事項卡抄錄本正本壹份。
2. ○○（股）公司執照影本壹份。
3. ○○（股）公司營利事業登記影本壹份。
4. ○○（股）公司法定代理人身分證影本壹份。
5. ○○（股）公司法定代理人[董事長]資格證明正本壹份。
6. 租賃契約書正本共貳份（租約編號：#500××,#500××）。
7. 保證書正本共肆份（○○○、○○各貳份）。
8. 他項權利證明書、抵押權設定契約書正本各參份：
   A・臺南縣○○○鄉○○段×建號；
   B・臺南市○○區×地號、×地號及其上×建號。
   C・臺北市××區○○段×地號及其上×建號。
9. 支票正本陸紙（以下票據提前清償，扣除提前清償息 NT$×××,×××外，已另以匯款及其他票據支付）：

發票人	帳號	票號	到期日	金額（新臺幣）
BB 事業（股)公司	022XX-X	AS879XXXX	XX.XX.XX	XXX,XXX
BB 事業（股)公司	022XX-X	AS879XXXX	XX.XX.XX	XXX,XXX
BB 事業（股)公司	022XX-X	AS879XXXX	XX.XX.XX	XXX,XXX
BB 事業（股)公司	022XX-X	AS879XXXX	XX.XX.XX	XXX,XXX
BB 事業（股)公司	022XX-X	AS879XXXX	XX.XX.XX	XXX,XXX
BB 事業（股)公司	022XX-X	AS879XXXX	XX.XX.XX	XXX,XXX

10. BB 股份有限公司及保證人簽發之本票及授權書正本各一紙。

　　此致
○○股份有限公司

　　　　　立據人
　　　　　　　BB 股份有限公司
　　　　　　　法定代理人：○○○
　　　　　　　代理人：

中　　華　　民　　國　　　　年　　　月　　　日

八、啟租相關文書

*1.*物料分期付款買賣契約書

物料分期付款買賣契約書

立契約書人	○○股份有限公司	（以下簡稱甲方）
		（以下簡稱乙方）
約定甲方銷貨成本範圍	新臺　　仟　　佰　　拾　　萬　　仟　　佰　拾　　元整（含稅）	
甲方銷貨成本範圍計算方式	□乙方未償還甲方銷貨成本餘額。（可循環交易） □甲方銷貨成本累計金額。（不可循環交易）	
約定交易筆數	□不限筆數。　□限乙筆。　□限　　　筆。	
價金分期方式	□月付。　□_____。　□每筆交易分期付款期_____個月為限。	
約定交易期間	自本約簽訂日起　　　　　　　　　個月內。	

　　茲因甲乙雙方合意，乙方於前開約定交易期間及未償還甲方銷貨成本範圍內，以分期付款方式，向甲方購買其營業或生產上所需之各種機器設備、原物料、成品、半成品（以下簡稱標的物），雙方同議定立本契約條款如下：

一、付款方式及期限：

　(一) 乙方於每次向甲方所購買標的物其品名、種類、數量、價格須經甲方核可，并填寫分期付款申請書，同時依付款日期、金額簽發期票於申請日一次全部交付予甲方，由甲方於到期時提示取款。

(二) 甲方得逕將前款所述票據債權或依本約所生之債權讓與
　　第三人或作為甲方對第三人所負債務之擔保，無需另行
　　通知乙方。

(三) 乙方給付之價款，如到期未能償付時，自遲延之日起清
　　償之日止，按月息百分之二加計遲延利息。

二、甲方之權利：
　　　　乙方雖得分批以分期付款方式向甲方購買標的物，惟
　　甲方苟認為乙方有本契約書第八條之情事者，得拒絕乙方
　　之申請，乙方絕無異議。

三、交貨與驗收：
　　　　標的物經乙方簽具交貨與驗收證明書後，其危險負擔
　　由乙方承受，乙方不得以任何理由拒絕或遲延支付價款或
　　退還標的物。標的物被政府徵收時，補償費由甲方領取。

四、標的物之使用與保養：

(一) 使用地點：臺灣地區。

(二) 乙方應將標的物放置於指定地點，除正常使用之原物料
　　外，非經甲方書面同意，在本約存續期間內不得標的物
　　出質、抵押或為其他處分。

(三) 乙方應以善良管理人之注意、保管、使用及維護標的物，
　　使其經常保持良好狀態，並以自己費用修繕之；凡修護
　　上需要之配件、機具、工具、服務均由乙方自行負擔，
　　乙方應使用合格人員實施修護工作。

(四) 甲方得隨時派員前往乙方標的物存放場所查看標的物現
　　狀、情況、保管情形等，乙方不得以任何理由予以拒絕
　　並應給予甲方各項方便。

五、瑕疵擔保責任：

甲方為辦理分期付款買賣之便而出售標的物予乙方，而乙方亦充分了解甲方僅係辦理分期付款買賣之出賣人而非製造商，故乙方無條件同意拋棄對甲方之一切瑕疵擔保請求權，且若有商品製造上之瑕疵問題，乙方應逕向製造商或供應商請求而與甲方無涉。

六、保險：

乙方應以自己之費用，為標的物投保各種保險，其保險公司、保險事故及種類由甲方決定之，且受益人均應為甲方，同時將保單正本、收據副本交付甲方。乙方於保險期限屆滿前，應辦理續保手續，否則甲方得酌予墊付保險費及其他必要費用代辦續保手續，甲方所墊付各項保費及費用，乙方應即償還；否則甲方得併入乙方對甲方所負債務內。如標的物於遭受損失時，保險公司無論因何事由拒絕、延宕理賠或保險金不足，乙方均不得拒 絕或延緩償還標的物價款。

七、財務報表：

甲方得請求乙方提供財稅報表等資料(含資產負債表、損益表、債務明細表及資產明細表，報繳營業稅單影本、但不以此為限)送予甲方，並於必要時加以合法之簽證。

八、違約：

乙方對其所負債務未全部清償以前，對本契約第一條第一款約定之應付分期款如有一期不履行即視為全部到期；如有左列情形之一時，毋須經甲方通知或履行法定手續，乙方喪失其分期償還之期限利益，甲方得要求立即全部清償。

(一) 任何一期價款到期未付或部分未付或所簽發之票據遭受存款不足，拒絕往來戶處分或其他原因致被退票或遲延付款時。

(二) 因其他債務關係而受假扣押、假處分、假執行、強制執行或受破產之聲請或聲請和解、調解、調協或重整之聲請或宣告倒閉清理債權或工廠停工時。

(三) 保證人因死亡、失蹤或其他事由開始繼承，而其繼承人聲明限定繼承或拋棄繼承時。

(四) 乙方遷移住所或變更標的物存放場所而不事前通知甲方時。

(五) 甲方認為乙方之信用重大貶落，或連帶保證人之保證能力顯為不足，而不依甲方之意思更換連帶保證人時。

(六) 乙方對於標的物不依善良管理人之注意妥善使用及慎重保管或怠於修繕時。

(七) 所購標的物係屬營業用途，而該營業公司、行號停業、歇業或被吊銷營業執照或撤銷、解散登記時。

(八) 乙方在價款尚未完全付清之前，未經甲方書面同意，將標的物出賣、出質、出租、借貸或為其他處分時。

(九) 不履行本契約各項規定時。

　　甲方因前述原因取回佔有原標的物時，其因此所生之損害及費用由乙方負擔。

　　有以上情形時，乙方應自違約之日起，按未到期價金之總和依月息百分之二給付違約金。

九、保證責任：

　　連帶保證人已充分閱讀本契約書各條款，對於乙方依本約各條款所生債務願負連帶保證責任並拋棄民法債篇第二

十四節保證各法條內有關保證人之先訴抗辯權及其他各項抗辯權。如遇乙方不依約履行時，願連帶負責立即如數清償，且不得中途要求退保。

十、擔保本票：

　　乙方及連帶保證人應簽發依本契約所應給付價款之總數為面額，並以契約編號為號碼之本票乙紙交付甲方收執。乙方如違約，甲方得使用此本票取償乙方及連帶保證人應付之一切價款，違約金、利息、遲延利息及其他費用。

十一、管轄法院：

　　　本契約以甲方所在地為債務履行地，又甲方暨乙方及連帶保證人並同意以臺灣臺北地方法院為第一審管轄法院。

十二、其他：

　　　在本契約有效期間內，甲乙任何一方若提出增刪修訂本約條款，則須經雙方同意，始得修正之。經修訂之條款雖未通知或未取得連帶保證人之同意，保證人仍繼續負擔連帶保證責任，不得提出不受拘束之抗辯、又甲方同意乙方延期清償債務時，保證人仍願續負連帶保證責任。

十三、本契約作成一式二份，由甲乙雙方各執乙份為憑。

十四、其他條款：

立約人

  甲　　　方：○○股份有限公司

  董　事　長：○○○

  地　　　址：臺北市○○路○號○樓

  乙　　　方：

  負　責　人：

  地　　　址：

  乙　　　方
  　　　　　：　　　　　身分證字號
  連帶保證人

  地　　　址：

  乙　　　方
  　　　　　：　　　　　身分證字號
  連帶保證人

  地　　　址：

  乙　　　方
  　　　　　：　　　　　身分證字號
  連帶保證人

  地　　　址：

  乙　　　方
  　　　　　：　　　　　身分證字號
  連帶保證人

  地　　　址：

中　華　民　國　　　年　　　月　　　日

2. 附條件買賣登記增補契約書

動產擔保交易附條件買賣
增補契約書

立契約書人：
　　　　○○股份有限公司　　　　　　　（以下簡稱甲方）

　　　　○○精密工業股份有限公司　（以下簡稱乙方）

　　緣甲乙雙方前訂立有附條件買賣契約，並共同向主管機關辦理如左欄之動產擔保交易登記，茲因雙方合意增補修訂原附條件買賣契約內容如後，特簽立本增補契約書，以憑雙方信守，並向主管機關辦理增補登記：

登記機關	臺灣省政府建設廳		
登記日期	中華民國　　　年　　　月　　　日		
登記字號	建一附字第 13×××號		
合意增補契約內容			
增補前內容	標的物明細表 標的名稱：CNC 車床 規格及型式：V26 / 60CV S/N：××.×× 出廠年月日：××.××	增補後內容	標的物明細表 標的名稱：綜合加工機 規格及型式：V-80 /I S/N：NT-××.×× 出廠年月日：××.××

其他約定	除右開合意增補契約內容外，原契約其餘約定不變更。

立約人

甲　方：○○股份有限公司
董事長　　○○○
地　址：臺北市○○路○○號○○樓

乙　方：○○精密工業股份有限公司
董事長　　○○○
地　址：臺北市○○街○○號○樓

中　　華　　民　　國　　　年　　　月　　　日

*3.*租價浮動及其他約定條款

租價浮動及其他約定條款

本約定條款係補充立約人民國＿＿＿＿＿＿年＿＿＿＿＿＿月
＿＿＿＿＿＿日所訂立之：

　　□租賃契約書　□分期付款契約書　□附條件買賣契約書
（打「✓」下簡稱本契約）

壹、《租價金浮動計算》

(一) 本契約之租（價）金採浮動計算方式；即承租（買）人
　　　應給付出租（售）人之各期租（價）金額，隨約定各期
　　　租（價）金給付日，當期之中國國際商業銀行基本放款
　　　利率變動而變動。

(二) 本契約已載之各期租（價）金額，係暫以報價當日之中
　　　國國際商業銀行基本放款利率為浮動基準之數額，並未
　　　計入浮動變數，承租（買）人為表示履行各期租（價）
　　　金給付誠意，願依契約之規定預先交付各期預估租（價）
　　　金額票據，予出租（售）人按期提兌。

(三) 承租（買）人各期實際應付之租（價）金額，雙方約定
　　　依次項退補計算公式，計算各當期銀行基本放款利率
　　　（Bi）與報價日銀行基本放款利率（Ci）之差額；因利
　　　率上升致（Bi）大於（Ci），時，承租（買）人應於十
　　　五日內將差額補付出租（售）人，反之，因利率下降致

205

（Bi）小於（Ci），時，出（租）人應將溢收之金額退還承租（買）人，惟退補金額如在新臺幣壹仟元內（不含稅），雙方同意不予退補。

(四) 各期租（價）金退補計算公式：

A＝當期應付租（價）金＋未到期應付租（價）金。

Bi＝當期之中國國際商業銀行基本放款利率；當期期間內利率變動，按變動期間分別計算。

Ci＝報價日之（民國＿＿＿＿年＿＿＿＿月＿＿＿＿日）中國國際商業銀行基本放款利率＝　　　　%。

D＝當期天數。（當期期間內利率未變動以當期期間之日數計算；當期利率如有變動，按變動之天數分別計算）。

E＝中央租賃股份有限公司購入租（售）標的原始成本。

F＝各期租（價）金總和。

$$應補（退）差額 = A \times \frac{Bi - Ci}{365} \times D \times \frac{E}{F}$$

貳、《其他約定》

(一) 本契約所生之一切稅捐由承租（買）人負擔。

(二) 本契約有效期間內，因法令變更致稅負增加者，承租（買）人願無條件負擔增加之部分，反之，稅負減少者，出租（售）人應將減少部分退予承租（買）人。

(三) 承租（買）人如經出租（售）人同意，得解除、終止本契約之一部或全部，但應按解約或終止日之本金百分五計付違約金予出租（售）人。

立書人

　　出租（售）人：○○股份有限公司

　　法定代理人：○○○

　　承租（買）人：

　　法定代理人：

中　　華　　民　　國　　年　　月　　日

4. 進項訂購契約書

訂購契約書

民國　　　年　　　月　　　日立【編號：　　　　　】

立契約人	賣方	公司名稱：	（下簡稱甲方）
		登記地址：　　　　　*Tel*	
		法定代理人：	
		聯絡人：　　　　　*Tel*	《大小章》
	買方	○○股份有限公司（臺北市○○路○號○樓）	（下簡稱乙方）
		董事長○○○　授權經理人：	

甲方願出售後示動產予乙方，雙方合意條款如次：□詳附件（★請加蓋騎縫章）

	品名	廠牌	規格型號	單位	數量	單價	總價
訂購標的							
訂購標的總價金	新臺幣　　仟　　佰　　拾　　萬　　仟　　佰　　拾　　元整（含稅）						
預定交貨日期	民國　　　年　　　月　　　日（甲方負責交付至指定址）						

買方指定收貨人		
交貨地址		《收貨人大小章》

《約定條款》

1. 甲方同意，本約簽立日起至訂購價金清付前，乙方得不具理由解除本約，甲方已受領之定金或價金應無條件無息退還乙方，不因訂購標的交付或返還與否而影響。
2. 本件訂購標的如由乙方轉售（或出租）予買方指定收貨人，有關本約所生之交付或解約退貨、售後維修、技術服務、瑕疵擔保、安裝保固等責任，甲乙方及買方指定收貨人特約，由甲方直接向買方指定收貨人負責或請求；買方指定收貨人明瞭（租）售標的係由甲方供應，有關上開情事，應據本約直接向甲方請求與乙方無涉，並同意不得以該等事由對抗乙方或拒不給付（租）價金。
3. 甲方保證本約買賣標的確為其所有，且無租賃或動產擔保交易關係及其他糾葛。
4. 本約一式二份甲乙方各執一份為憑，有關事宜，三方合意以臺北地方法院為第一審管轄法院。

《本約為○○股份有限公司向供應商進貨專用》

5. 撥款切結書

買賣價金撥（匯）付第三人切結書

　　立書人依附表《一》交易憑證售與　貴公司之動產，貴公司應給付立書人之買賣價金，請　貴公司依附表《二》所載金額及帳號、戶名，逕匯付第三人，立書人絕不再向　貴公司收取。

附表《一》交易憑證記要

發票號碼		賣方：立書人	買方：中央租賃(股)
含稅總價	*NT$*　仟　佰　拾　萬　仟　佰　拾　元整		
買賣標的	（ 　　　　　　　　　　　　　　　）等詳發票所載		

附表《二》立書人指定價金匯付帳戶

行庫名稱			
帳號		戶名	
匯付金額	*NT$*　仟　佰　拾　萬　仟　佰　拾　元整		
備註			
行庫名稱			
帳號		戶名	

匯付金額	*NT$* 　仟　佰　拾　萬　仟　佰　拾　元整
備註	

以下部分買賣價金請匯付立書人

行庫名稱		
帳　　號		戶名 即立書人
匯付金額	*NT$*　仟　佰　拾　萬　仟　佰　拾　元整	
備註		

　　此致

○○股份有限公司　臺照

立　書　人：＿＿＿＿＿＿＿＿＿＿

法定代理人：＿＿＿＿＿＿＿＿＿＿

中　　　華　　　民　　　國　　　年　　　月　　　日

（說明：○○租賃匯付購進物料或設備價款之戶名，與進項發
票供應商不一時　應請出賣人立書）

6.境外文件切結書

切結書

　　本公司所交付之下列登記卡現仍為有效之資料，且該影本與正本相符無訛，如有不實，本公司願負一切法律責任。

　　此致
○○股份有限公司

立　書　人：
法定代理人：

Certificate of Incorporation（公司註冊證書）。

　　Business / Branch Registration Certificate（商業／分行登記證）。

　　(香港適用，該證為每年一換，日／月／年)

Memorandum & Articles of Association（公司章程）

股東名冊

董事名冊

董事會議紀綠（optional）

　　Power of Attorney（授權書，optional）

　　Certificate of Share（股票，optional）

其他

中　　華　　民　　國　　　　年　　　月　　　日

7.其他條款

契約其他條款

本公司於民國　　　年　　　月間與貴公司所訂定之

□附條件買賣契約（契約編號：　　　　　　　　　）

□租賃契約（契約編號：　　　　　　　　）

□分期付款契約（契約編號：　　　　　　　　）

（下簡稱本契約）茲同意補充以下條款：

一、本契約所生之一切稅捐均由買受人負擔。

二、本契約有效期間內，若因政府法令變更致稅負增加者，該
　　增加部分本公司願無條件負擔，反之，稅負減少者，貴公
　　司應將溢收部分返還本公司。

三、如經　貴公司同意者，得解除或終止本約之全部或一部，
　　但應按解約日或終止日之本金加計百分之五之違約金支付
　　予　貴公司。

　　此致
○○股份有限公司

　　　　　　　　立　書　人：　　　　　　　公司
　　　　　　　　法定代理人：

中　　華　　民　　國　　　年　　　月　　　日

8.交貨驗收證明書

交貨與驗收證明書

立書人於民國　　年　　月間與貴公司所訂定之

☐附條件買賣契約（契約編號：　　　　　　　　）

☐租賃契約（契約編號：　　　　　　　）

☐分期付款契約（契約編號：　　　　　）

契約所訂定之全部之租（售）標的物，業由

☐供應商交付立書人驗收，

☐供應商交付立書人驗收，

交付立書人驗收，對全部租賃（買賣）標的物認為完全滿意。立書人並願意遵守上述契約各條款之規定，併此聲明。

標的物名稱：＿＿＿＿＿＿＿＿＿＿＿＿＿＿＿等共

＿＿＿＿＿項，詳契約書。

（附件請加騎縫章，如有誤漏以契約記載為準）

此致
○○股份有限公司

立　書　人：

法定代理人：

中　　華　　民　　國　　　年　　　月　　　日

9.印鑑式約定書

印鑑式約定書

立書人於民國　　　年　　　月間與貴公司所訂定之

□附條件買賣契約（契約編號：　　　　　　　　）

□租賃契約（契約編號：　　　　　　　　　）

□分期付款契約（契約編號：　　　　　　　　　）

　（下簡稱原約）及爾後與　貴公司間各個買賣契約及其延續或相關（含出具交貨驗收證明）文件，均約定下列印鑑與原約印鑑有同一效力；嗣後本公司對　貴公司之契約行為或意思表示悉以下列印鑑或原約印鍵任擇一式，即生效力，無需另經　貴公司辦理本公司負責人親自簽名對保手續。

約定印鑑式	

　　此致
〇〇股份有限公司　臺照

　　　　　　　　　立約定書人：＿＿＿＿＿＿＿＿公司
　　　　　　　　　法定代理人：＿＿＿＿＿＿＿＿
　　　　　　　　（蓋用原約大小章並由法定代理人簽名）

中　　華　　民　　國　　年　　月　　日

*10.*本票

第　　　　　　　　　　　　　　號

一、憑票准於中華民國　　　年　　　月　　　日交付

　　○○股份有限公司或其指定人

　　新臺幣　　　　　　　佰　　　　　　　拾萬元整。

二、本本票免除作成拒絕證書及通知義務。

三、逾期違約金按月息百分之二計付。

四、本本票利息按年利率百分之二十計算。

五、本本票付款地臺北市松山區○○路○號○樓

六、本本票授權執票人填寫到期日。

發　票　人：

住　　　　址：

本

發　票　人：

住　　　　址：

發　票　人：

住　　　　址：

票

發　票　人：

住　　　　址：

發　票　人：
住　　　址：

發　票　人：
住　　　址：

發　票　人：
住　　　址：

中　華　民　國　　年　　月　　日

11. 授權書

授權書

　　緣立授權書人等為擔保現在及將來，與貴公司間租賃、買賣、票據、保證或其他契約義務之履行，共同簽發本票乙紙（號碼：　　　　　　　　　）交予貴公司收執，因事實需要，該本票之到期日未予填載，爰特立此授權書，授權　貴公司於立書人有違約或拒不履行給付義務情事，得逕行填入到期日，以行使票據上之權利，共同發票人等絕無異議。

　　此致
○○股份有限公司

　　　　　　　　　　立 授 權 書 人：
　　　　　　　　　　即本票發票人：
　　　　　　　　　　住　　　　址：

　　　　　　　　　　立 授 權 書 人：
　　　　　　　　　　即本票發票人：
　　　　　　　　　　住　　　　址：

立 授 權 書 人：
即本票發票人：
住　　　　址：

立 授 權 書 人：
即本票發票人：
住　　　　址：

立 授 權 書 人：
即本票發票人：
住　　　　址：

立 授 權 書 人：
即本票發票人：
住　　　　址：

中　　華　　民　　國　　年　　月　　日

九、租售配合相關文書

1. 租售配合契約

【銷售配合契約書】

○○股份有限公司 （以下簡稱甲方）

立契約書人：

○○股份有限公司 （以下簡稱乙方）

緣甲方為專營動產租賃及分期付款業務公司，乙方為製造銷售各種工具機等設備為主要業務之公司，茲為推廣乙方製造銷售之工具機等設備，雙方合意配合條件如下：

第一條：（配合之方式）

乙方或其經銷商於市場推廣乙方製造或經銷之各種工具機等設備（以下簡稱工具機），並尋覓符合甲方客戶信用條件之第三人（以下簡稱丙方），由乙方售予甲方後，再由丙方以附條件買賣分期付款方式向甲方購買。

第二條：（配合之申請）

乙方覓得有意購買工具機之丙方，應填具「分期付款申購書」（如附件）向甲方申請辦理分期付款，甲方審核認不符合甲方所訂信用條件時，得拒絕該丙方個案之申請。

第三條：（出賣人責任）

凡因本銷售配合契約書之約定，由甲方售予丙方之工具機，有關民法或其他法令所規定之：交付、按裝、保固、售後服務、瑕疵擔保、危險負擔等出賣人之責任，由乙方對丙方直接負責，與甲方無涉。

第四條：（供應商購回）

(一) 丙方如有違反甲丙雙方所訂分期付款契約，或交付甲方分期價金票據未能兌現之情事時，甲方於依法取回買賣標的之工具機同時，得請求乙方購回。

(二) 前項乙方購回工具機之價金，不低於丙方已屆清償期未付之分期價金，及未屆清償期價金之本金部分之和（另稅）。

(三) 丙方申請延展全部或部分分期價金之給付時，如經乙方同意，仍有前項購回規定之適用。

(四) 工具機因丙方隱匿或拒絕返還或滅失無法返還時，乙方仍負本條購回義務，甲方得以所有物返還請求權或損害賠償請求權讓與乙方以代交付，惟購回價金依本條第(二)項所訂價金 50% 計算。

第五條：（工具機之取回）

丙方有前條第一項之違約或退票情事，甲方應通知乙方，甲方或乙方認有必要時，並應會同取回工具機，所需之法律訴訟程序、費用及律師費由甲方負責，拆卸、搬運所需之人員、機具費用由乙方負責。

第六條：（分期付款額）

甲方得就金融市場狀況，機動調整丙方分期付款申請案之各期付款額，惟應於調整前三十日通知乙方；調整各期付款額生效前，甲方所核准之各個分期付款配合案不受影響。

第七條：（有效期間）

本約自簽立起生效，甲乙雙方均得隨時終止，但應於四十五日前通知他方；本約終止前乙方申請核准之分期付款案，其權利義務仍依終止前本約相關規定，雙方並有履行之責。

第八條：（合約分存）

本約一式二份，甲乙雙方各執一份為憑，有關事宜合意以臺灣臺北地方法院為第一審管轄法院。

【附件】

1. 通用印鑑式簽名式聲明書。
2. 分期付款申購書（正面）。
3. 分期付款申購書（背面）。
4. 客戶付款展延（變更）申請書。

　　　　　立契約書人
　　　　　　　　甲　　　方：○○股份有限公司
　　　　　　　　法定代理人：○○○

　　　　　　　　乙　　　方：○○股份有限公司
　　　　　　　　法定代理人：○○○

中　　華　　民　　國　　　年　　　月　　　日

2. 銷售配合契約書

2-1 銷售配合契約書

銷售配合契約書《NO：   》

| 立契約書人： | ○○股份有限公司 | 即出租人（下簡稱甲方） |
| | | 即承租人（下簡稱乙方） |

　　緣甲方係專營資本租賃及分期付款買賣業務公司；乙方係為經銷販售電話通訊設備（下簡稱電話設備）為主要業務之公司，雙方茲為推廣乙方電話設備之銷售，訂定合作條款如次：

約定條款

第一條：（合作架構）
　　乙方負責於市場上尋覓符合甲方所訂授信條件之第三人（下簡稱買受人），並使買受人向甲方以分期付款並附條件買賣方式購買電話設備，該設備並由乙方以售讓方式供應甲方。

第二條：（合作方式）
a. 乙方覓得買受人時，應與買受人共同向甲方申請辦理分期付款，申請書詳如附件一。
b. 有關買賣標的之推廣、交付、按裝、測試、保固、保養維修、售後服務、瑕疵擔保、危險負擔，概由乙方直接對買受人負責與甲方無涉。
c. 因前項事由致甲方依法需對買受人負履約或損害賠償責任時，乙方應賠償甲方之損害。
d. 甲方與買受人間之定型化分期付款附條件買賣契約書及所需相關書表詳如附件二；甲方與買受人單一交易總價在新臺幣壹佰萬元內，乙方負責將前開契約書及書表面交買受人及保證人簽署及用印（對保）後，連同分期付款交易價金票據及交甲方，但甲方與買受人單一交易總價逾新臺幣壹佰萬元時，由甲方自行對保並收受分期價金票據.
e. 乙方辦理前項面交簽署用印及收取證件事宜，視同受甲方委任，為維護雙方權益，乙方應確實對保，不得使甲方受有損害,如乙方使用人或受僱人對保時，乙方應使對保人於契約書之對保人欄處簽名。

f. 甲方於收到買受人分期付款價金票據並再次審查買受人信用無瑕後，應於四日內將進貨價金匯付乙方銀行帳戶；甲方於匯付乙方價金前，有權撤銷買受人及乙方分期付款申請。
g. 附件定型化契約非填寫部分之內容，非經甲方同意不得任意增刪，乙方應謹細閱讀，對外廣告或對買受人之意思表示，不得與契約或法令相抵。

第三條：（進貨成本）
　　乙方供售甲方電話設備之售價=100

第四條：（通知義務）
　　乙方知悉以下情事時，應即通知甲方：
a. 買受人、停止營業或終止與乙方之保養維護契約。
b. 標的滅失或嚴重毀損不堪使用。
c. 標的自原約定設置址遷移至他處所。
d. 標的為買受人隱匿、處分或遭第三人查封。

第五條：（標的取回）
　　因買受人違約，甲方依法強制取回買賣標的時，乙方應會同執行，並負責拆卸所需器材、人員費用；甲方負責法律事務及所需法律費用。

第六條：（契約期間）
　　本契約自簽署日起生效，至○○年12月31日止，但在本約有效期間所生之權利義務仍繼續有效。

第七條：（契約分存）
　　本約一式二份，甲乙各執一份為憑，有關事項雙方合意以臺灣臺北地方法院為第一審管轄法院。

立契約書人			
甲方：○○股份有限公司	乙方（供應商）：		
總經理：○○○	登記營業地址：		
營業址：臺北市○○路○號○樓	乙方法定代理人：	I/D NO：	
電話：(02) 8711-××××　電話：			
中　　　華　　　民　　　國　　　年　　　月　　　日			

2-2 銷售配合契約書

合作契約書

立契約書人：
　　　　　　　〇〇股份有限公司（下簡稱甲方）

　　　　　　　〇〇股份有限公司（下簡稱乙方）

　　緣甲方係專業融資性租賃公司；乙方係以銷售事務機器為主要業務之公司，雙方茲為推廣事務機器銷售業務，訂定合作條款如次：

第一條：（合作方式）

　　乙方負責於市場上尋覓符合甲方所訂授信條件之第三人（下簡稱買受人）向甲方以附條件買賣方式購買事務機器（下簡稱標的），標的並由乙方以售讓方式供應甲方。

第二條：（交易約定）

　　一、有關標的之：交付、按裝、測試、保固、保養維修、售後服務、瑕疵擔保、危險負擔，概由乙方直接對買受人負責與甲方無涉。

　　二、因前項事由致甲方依法需對買受人負履約或損害賠償責任時，乙方應賠償甲方之損害。

三、甲方與買受人間之附條件買賣契約書及辦理動產擔保
交易登記所需書表由甲方負責提供；乙方負責將前開
契約書及登記書表面交買受人、保證人簽署及用印
後，連同辦理登記所需證件交甲方辦理登記。

四、乙方辦理前項面交簽署用印及收取證件事宜，視同受
甲方委任，為維護雙方權益，乙方應確實對保，承辦
對保人並應於相關文件對保人欄處簽名。因對保未臻
確實致甲方損害，乙方應賠償。

前項所謂對保未臻確實致甲方損害，係指買受人違約時甲
方依法對保證人行使求償權，該保證人以甲方為對造提起
訴訟，經法院認定該保證人並未於本票或保證書簽名（即
簽名者另有其人），而判決甲方敗訴確實。

第三條：（購回承諾）

因買受人違約甲方依法取回標的且標的堪使用時，乙方同
意依後開價格向甲方買回標的。甲方即以現狀點交予乙方。

違約時期（月）	1～6	7～12	12～18	19～24	25～30
購回價格（%）	70	65	55	40	35

說明：

【1】違約時期指買受人與甲方之買賣契約生效日至買受人違
反契約條款日。

【2】乙方購回價格（含稅）＝（甲方購得標的含稅價）×（違
約時期相應百分比）。

甲、乙雙方對標的是否堪用有爭議者，以事務機器公會之鑑定報告為準。

第四條：（通知義務）

乙方知悉以下情事時，應即通知甲方：

【1】買受人公司改組、停止營業或終止與乙方之保養維護契約。

【2】標的滅失或嚴重毀損不堪使用。

【3】標的自原約定設置址遷移至他處所。

【4】標的為買受人隱匿、處分或遭第三人查封。

第五條：（標的取回）

因買受人違約，甲方依法強制取回時，乙方應會同執行，並負責拆卸搬運所需器材、車輛、人員等費用；甲方負責法律事務及所需費用。

第六條：（期款調整）

本契約有效期間，甲方得應金融市場資金狀況，調整未簽約買受人分期付款之期款額，但應於七日前通知乙方。

第七條：（契約期間）

本契約自簽署日起生效，甲乙雙方均得隨時終止本約，但應於七日前通知他方，惟在本約有效期間所生之權利義務仍繼續有效。

第八條：（契約分存）

　　本約一式二份，甲乙方各執一份為憑，有關事項雙方合意
　　以臺北地方法院為第一審管轄法院。

　　　　　　　立書人
　　　　　　　　　甲　　　方：○○股份有限公司
　　　　　　　　　法定代理人：
　　　　　　　　　乙　　　方：○○股份有限公司
　　　　　　　　　法定代理人：

中　　華　　民　　國　　　年　　　月　　　日

3.供應商購回保證書

供應商購回保證書

立保證書人	
第三人	

緣第三人以□附條件買賣　□租賃　（擇一打勾）
方式向　貴公司承購（租）後示動產設備（契約編號：
　　　　　　　　　），立書人
為出售該動產設備予貴公司之供應商，茲為確保該動產設備之
處分價值，立書人同意於第三人交付予貴公司之租價金票據後
背書，並保證如第三人租價金票據退票或違約時，無論該動產
設備現況為何(含遺失滅失毀損)，立書人應即以第三人未償還貴
公司之租價金總額，向貴公司購回該動產設備（立書人如為公
司組織負責人對購回保證負連帶責任），立書人如欲取回該動
產設備，貴公司應提供法務協助，惟所需之法院規費及搬運事
宜，由立書人負責。　此致
○○股份有限公司　臺照

動產設備明細表（如有誤漏悉依設備實況為準）					
品名	規格型號	製造廠牌	設備序號	數量	單位

立　書　人：

法定代理人：

地　　　址：

見　證　人：

身分證字號：

地　　　址：

中　華　民　國　　年　　月　　日

4. 保證購回同意書

保證購回同意書

AA 資訊有限公司（以下簡稱本公司）
立同意書人：
　　　BB 公司

　　緣本公司於民國　　　年　　　月間，出售彩色電子印前作業系統等電腦設備乙批（下簡稱電腦設備，明細詳發票及契約書）予 CC 股份有限公司（下簡稱貴公司），並由　貴公司以分期付價「附條件買賣」方式轉售予 BB 有限公司（以下簡稱 BB 公司），茲為保障　貴公司權益，本公司同意以下事項：

一、（出賣人責任）

　　立書人等同意，有關貴公司對 BB 公司之民法或其他法令所規定出賣人責任（如：交付、按裝、保固、售後服務、瑕疵擔保、危險負擔）概由本公司對 BB 公司負責，與　貴公司無涉。

二、（供應商之保證購回）

　（一）BB 公司交付　貴公司之分期價金票據未能如期兌現，或因違反「附條件買賣契約」經　貴公司終止（解除）契約時，貴公司得請求本公司，購回轉售予 BB 公司之全部電腦設備；本項購回義務，由本公司法定代理人願負連帶履行之責任。

(二) 前項保證購回價金計算式為「BB 公司全部到期未付之分
期價金及全部未到期價金之本金合計額」（以本公司給
付購回價金日及貴公司提供之數額為計算基準）；本項
購回價金之計算，以電腦設備存在並本公司受領為已
足，不因電腦設備瑕疵、折舊、堪用與否而影響。

(三) 本條保證購回之電腦設備，如　貴公司因故無法交付本
公司時，就無法交付之部分，本公司不負購回義務。

三、（電腦設備之取回）

　　前條第(一)項情事發生時，本公司負有會同　貴公司強制取
回電腦設備之義務，所需之法律程序費用由　貴公司預支，但
拆卸、搬運所需之人員、機具及費用概由本公司預支；預支費
用各向東坪公司求償。

　　此致
CC 股份有限公司　臺照

　　　　立同意書人
　　　　　　AA 資訊有限公司
　　　　　　法定代理人：
　　　　　　地　　　址：

中　　華　　民　　國　　　年　　　月　　　日

社會科學類　PF0049

催收達人の私房書 IV
──金融業常用非訟文書 114 例

作　　者 / 呂元璋
責任編輯 / 林世玲
圖文排版 / 陳湘陵
封面設計 / 陳佩蓉

發 行 人 / 宋政坤
法律顧問 / 毛國樑　律師
出版發行 / 秀威資訊科技股份有限公司
　　　　　114 台北市內湖區瑞光路 76 巷 65 號 1 樓
　　　　　電話：+886-2-2657-9211　傳真：+886-2-2657-9106
　　　　　http://www.showwe.com.tw
劃撥帳號 / 19563868　戶名：秀威資訊科技股份有限公司
　　　　　讀者服務信箱：service@showwe.com.tw
展售門市 / 國家書店（松江門市）
　　　　　104 台北市中山區松江路 209 號 1 樓
　　　　　電話：+886-2-2518-0207　傳真：+886-2-2518-0778
網路訂購 / 秀威網路書店：http://www.bodbooks.tw
　　　　　國家網路書店：http://www.govbooks.com.tw

2010 年 09 月 BOD 一版
定價：290 元
版權所有　翻印必究
本書如有缺頁、破損或裝訂錯誤，請寄回更換

國家圖書館出版品預行編目

催收達人の私房書. IV, 金融業常用非訟文書114例
/呂元璋著.-- 一版. -- 臺北市：
秀威資訊科技, 2010.09
　　面； 　公分. -- (社會科學類；PF0049)

BOD 版
ISBN 978-986-221-540-1(平裝)

1. 信用管理 　2. 商業文書 　3. 司法文書

563.1 99013428

讀者回函卡

感謝您購買本書，為提升服務品質，請填妥以下資料，將讀者回函卡直接寄回或傳真本公司，收到您的寶貴意見後，我們會收藏記錄及檢討，謝謝！
如您需要了解本公司最新出版書目、購書優惠或企劃活動，歡迎您上網查詢或下載相關資料：http:// www.showwe.com.tw

您購買的書名：_____

出生日期：_____年_____月_____日

學歷：□高中 (含) 以下　　□大專　　□研究所 (含) 以上

職業：□製造業　□金融業　□資訊業　□軍警　□傳播業　□自由業
　　　□服務業　□公務員　□教職　　□學生　□家管　　□其它_____

購書地點：□網路書店　□實體書店　□書展　□郵購　□贈閱　□其他

您從何得知本書的消息？

　□網路書店　□實體書店　□網路搜尋　□電子報　□書訊　□雜誌

　□傳播媒體　□親友推薦　□網站推薦　□部落格　□其他_____

您對本書的評價：（請填代號　1.非常滿意　2.滿意　3.尚可　4.再改進）

　封面設計____　版面編排____　內容____　文／譯筆____　價格____

讀完書後您覺得：

　□很有收穫　□有收穫　□收穫不多　□沒收穫

對我們的建議：_____

_____

_____

_____

11466
台北市內湖區瑞光路 76 巷 65 號 1 樓
秀威資訊科技股份有限公司　　　收
BOD 數位出版事業部

···

（請沿線對折寄回，謝謝！）

姓　　名：＿＿＿＿＿＿＿＿　年齡：＿＿＿　性別：□女　□男

郵遞區號：□□□□□

地　　址：＿＿＿＿＿＿＿＿＿＿＿＿＿＿＿＿＿＿

聯絡電話：(日) ＿＿＿＿＿＿＿＿＿　(夜) ＿＿＿＿＿＿＿＿＿

E-mail：＿＿＿＿＿＿＿＿＿＿＿＿＿＿＿＿＿＿＿